Panama

Highlights

HELLER VERLAG

Die Deutsche Nationalbibliothek verzeichnet diese Publikation in der Deutschen Nationalbibliografie. Detaillierte bibliografische Daten sind im Internet unter www.d-nb.de abrufbar.

Das Umschlagbild zeigt die Insel Tuba Senica (San Blas), Guna-Indiofrau auf Wichub-Wala (San Blas), Hubschrauber über Panama-Stadt, Miraflores-Schleusen aus der Luft. Alle Fotos: Klaus Heller

Besonderer Dank gilt Brigitte Gutzeit, Roland Pfister sowie den Hubschrauberpiloten Cpt. Martin Bickel, Cpt. Thomas Exenberger und Cpt. Thomas Jakits, deren Insiderwissen und Hilfsbereitschaft erheblich zur Qualität dieses Reiseführers beigetragen haben!

Autoren: Klaus Heller, Gabi Heller
Fotos: Albatros Media (S. 163), Martin Bickel (S. 68), Christian Drößler (S. 105), Kim Walker (S. 38)
Alle anderen Fotos: Barbara Hermann, Kurt Kritzinger, Gabi Heller, Susi Heller, Klaus Heller
Umschlaggestaltung: Sigrid Kowalewski, Kurt Kritzinger
Kartografie: Kurt Kritzinger, Klaus Heller
Layout: Dietmar Schmitz

Druck und Bindung: Druckerei Steinmeier, Deiningen

1. Auflage 2013
© by HELLER VERLAG, Postfach 1204,
D-82019 Taufkirchen bei München
Tel.: +49-89-612 28 29   Fax: +49-89-612 68 69
Internet: www.heller-verlag.de   E-Mail: info@heller-verlag.de

ISBN 978-3-929403-36-7
Printed in Germany   All rights reserved

Dieses Buch gibt's in jeder guten Buchhandlung und im Internet unter **www.heller-verlag.de** – Die **E-Book-Version** (ISBN 978-3-929403-57-2) mit vielen praktischen Verlinkungen steht auf allen großen E-Book-Portalen zum Download bereit.
Website zum Buch: **www.panama-highlights.de**

Flagge der Republik Panama

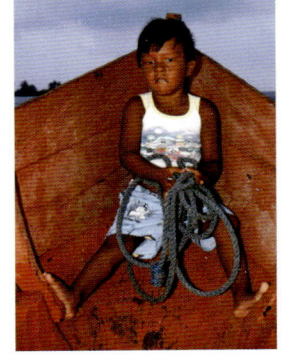

Inhalt

Panama – Land der Kontraste

Woran denken Sie zuerst, wenn Sie von Panama hören? An den Panamakanal, der den Handelsweg zwischen dem Pazifik und dem Atlantik um gut 20 000 Kilometer verkürzt? An die *Puente de las Américas*, die bis 2004 das einzige Bindeglied zwischen dem nord- und dem südamerikanischen Kontinent war? An den Diktator Noriega, der sich Anfang 1990 – wenige Tage nach der »Operation Just Cause« –

den US-Militärs ergab? An Urwald und Bananen? Oder denken Sie zuallererst an Janoschs wunderschöne Geschichte »Oh, wie schön ist Panama«, die Sie vielleicht schon als Kind vorgelesen bekamen oder Ihren eigenen Kindern vorgelesen haben? Leider haben es der Tiger und der Bär nie nach Panama geschafft – aber Sie stehen nun kurz davor oder sind schon mittendrin!

Als Hubschrauberpilot, aber auch als Reisender zu Lande und zu Wasser haben mich die Kontraste dieses Landes immer

ganz besonders fasziniert: Man hebt am Marcos A. Gelabert-Flughafen im Stadtteil Albrook mit einem tonnenschweren Hightechgerät langsam ab, genießt für Sekunden den Ausblick auf den Kanal, »die Puente«, den Cerro Ancón, und schon taucht man in das Hochhausmeer der City ein, vielleicht eine kurze Zwischenlandung auf dem Dach des Crowne Plaza Hotel, um ein paar Passagiere aufzunehmen, und weiter geht's landeinwärts durch den immer dichter werdenden Urwald, entlang des Río Chagres – die breite Sandbank an der dritten Flussbiegung eignet sich gut für eine sichere Landung. Während das Triebwerk herunterfährt und der Rotor ausläuft, kommen uns fröhlich winkend die Bewohner eines ganzen Emberá-Dorfes entgegen: Frauen in bunter Stammestracht, Kinder, Männer nur mit Lendenschurz bekleidet. Gastgeschenke werden überreicht, die Männer fischen geschickt mit Speeren im Fluss, musizieren, die Frauen tanzen, kochen, laden uns zu lecker mariniertem Fisch mit Kochbananen ein.

Innerhalb von nur 20 Minuten (auf dem Land- und Wasserweg etwas mehr) erlebe ich eine Zeitreise von gut 200 Jahren zwischen der pulsierenden Me-

tropole Panama-Stadt mit mehr Wolkenkratzern als New York oder Chicago und Spielcasinos, die an Las Vegas erinnern, auf der einen Seite und Indios, die sich ihre Tradition und Unbefangenheit noch weitgehend erhalten konnten und autonom ohne Strom, Handy, PC oder Fernseher von den Früchten des Urwalds leben, auf der anderen Seite. Wie lange wird das noch so bleiben? Ist es ein Fluch oder ein Segen, wenn zunehmend mehr Indios in die Stadt streben, Lendenschurz gegen Jeans und T-Shirt tauschen und nach den Früchten der modernen Zivilisation streben?

Klaus Heller

Allerlei Wissenswertes

Geschichte

Es wird vermutet, dass die ursprüngliche Bevölkerung Mittelamerikas über die Beringstraße von Asien nach Nordamerika einwanderte und sich dann langsam weiter in den Süden verbreitete. Um ca. 9000 v. Chr. existierten wohl Jägervölker auf panamaischem Boden. Ausgrabungen nahe dem *Madden-See* (**Madden-Cultura**) zeugen von dieser Zeit.

In der sogenannten **mesoindianischen Periode** (8000–2000 v. Chr.) verlor die Großwildjagd gegenüber dem Fischfang und der Sammelwirtschaft an Bedeutung. Erste Ansätze von Sesshaftigkeit wurden nachgewiesen durch den Fund von Waffen und Werkzeugen.

In der **Übergangsphase dieser Periode zur neoindianischen Periode** (2000 v. Chr. – 500 n. Chr.) entstanden bereits kleine Siedlungen mit Sozialstrukturen, deren Oberhäupter Häuptlinge waren. Grabbeigaben bei Bestattungen weisen auf den Glauben an ein Leben nach dem Tode hin.

Die **neoindianische Periode** (500–1500 n. Chr.) endete mit der Siedlungspolitik am Ende des 16. Jahrhunderts. Der erste Europäer in Panama war der Spanier **Rodrigo de Bastidas**, der 1501 an der Karibikküste des *Darien* entlangsegelte und von den einheimischen Indianern noch freundlich begrüßt wurde.

Der zweite Name, der in der Eroberungsgeschichte Panamas auftaucht, ist der des berühmten **Christoph Kolumbus**, der jedoch überzeugt war, Asien entdeckt zu haben. Er gründete die erste Siedlung auf panamaischem Gebiet, *Santa María de Belén*. Ihr war aber nicht viel Glück beschieden, da die Einheimischen mittlerweile in den Neuankömmlingen eine Gefahr sahen und sie bekämpften. Zusätzlich zu schaffen machten den Europäern die Unmengen Moskitos, das tropisch-heiße Klima, die undurchdringliche Vegetation und die schlechte Versorgungslage. 1503 kehrten die Spanier unverrichteter Dinge zurück und verbreiteten aber zu Hause die Vision von einem

Vasco Núñez de Balboa

noch unentdeckten, sagenhaften Goldland.

1510 betrat **Vasco Núñez de Balboa** panamaischen Boden und gründete 1511 einen Stützpunkt der spanischen Krone an der fruchtbaren Karibikküste namens *Santa María de la Antigua de Darién*. Balboa wurde Capitán und Administrator und erreichte, dass *Santa Marías* Versorgung von *Santo Domingo* aus gesichert wird. Nun konnte man sich dem eigentlichen Grund der Anwesenheit zuwenden, der Suche nach Perlen, Gold und Edelsteinen. Für Expeditionen ins dichte Hinterland verbündete er sich mit dem Häuptling **Careta**, der sich zu einem Bündnis mit den Kolonisten entschlossen hatte. Auf einer seiner vielen Beutezüge durch das Land entdeckte Balboa als erster Europäer 1513 den Pazifischen Ozean, auch *Mar del Sur* oder *Grand Océano* genannt. Unter Balboas Leuten befand sich auch **Francesco Pizarro**, der später als Entdecker und Zerstörer des Inka-Reiches in die Geschichte eingehen wird. Vom spanischen **König Ferdinand** wurde Balboa nun zum Gouverneur der neuen Provinz der spanischen Krone, *Tierra Nueva del Mar del Sur*, ernannt.

In Spanien wurden Vorbereitungen für die Eroberung und Kolonisation des unbekannten Landes getroffen. Ein altbewährter spanischer Edelmann,

Pedrarias Dávila, wurde mit der Aufgabe betraut. Er kam mit einer Armada aus 22 Segelschiffen in *Santa María de la Antigua* an, und es kam sofort zu Konfrontationen mit Balboa. Pedrarias gründete das heutige *Panama-Stadt* am Pazifischen Ozean.

Von Pedrarias angeordnete Expeditionen wurden mit brachialer Gewalt durchgeführt und zerstörten die vorsichtigen Kontakte, die Balboa mit den Einheimischen geknüpft hatte. Als König Ferdinand starb und sein Enkel den Thron erklomm, eskalierte der Machtkampf zwischen Balboa und Pedrarias. Pedrarias sollte ersetzt werden durch **Lope de Sosa**. Vorher aber ordnete er die Verhaftung Balboas unter falschen Anschuldigungen an und ließ ihn schließlich zum Tode verurteilen. Der vorgesehene Nachfolger für Pedrarias kam nie in Panama an. 1525 erhielt Pedrarias den Auftrag der spanischen Krone, eine Schiffsverbindung zwischen Atlantik und Pazifik zu finden. Er verlegte den Stützpunkt von *Santa María de la Antigua* in eine neue an der Pazifikküste liegende Siedlung namens *La Nuestra Señora de Asunción de Panama*. Aus dieser entwickelte sich später die Hauptstadt des Landes, *Ciudad de Panama, Panama-City, Pana-*

ma-Stadt. Auf dem Landweg kam eine Verbindung von der Karibikküste, der Siedlung *Nombre de Dios* zu dem neu entstandenen Ort *Nuestra Señora de la Asunción de Panama* zustande, der *Camino Real*.

25 Jahre nach der Ankunft der ersten Spanier war die Eroberung des Landes fast vollzogen. Die Gegenwehr der indianischen Stämme wurde schließlich erstickt.

Häuptling Urracá auf der
1-Centesimo-Münze

Erfolgreichen, lang anhaltenden Widerstand hatte einzig der Kazike **Urracá** in der *Zentralkordillere* den Konquistadoren entgegengesetzt. Seine Guerillataktik ließ die Spanier aufgeben und sich wieder an die Küsten zurückziehen, während sie dem Indianerhäuptling und seinem Volk die Bergregion überließen.

Die Weltanschauung der Eroberer kam auch klar in der von Pedrarias aus Spanien mitgebrachten Mahnung (**Requerimiento**) an die einheimische Bevölkerung zum Ausdruck. Das in Latein verfasste Dokument teilte die Erde außerhalb Europas in einen spanischen und einen portugiesischen Teil ein und wurde vom Papst selbst verfasst. Es forderte die **Indigenas** auf, den wahren katholischen Glauben anzunehmen und sich wie Untertanen des spanischen Königs zu verhalten. Vor jedem Angriff der spanischen Soldaten sollte es den Einheimischen vorgelesen werden, auf dass sie sich freiwillig fügen können.

In der Regel verzichteten die Konquistadoren aber darauf und griffen sofort an. Die brutalen Kämpfe und von den Europäern eingeschleppte Infektionskrankheiten dezimierten die einheimische Bevölkerung stark.

Die Spanier importierten das in Europa vorherrschende System der Leibeigenschaft. Menschliche Arbeitskraft war der wirkliche Reichtum der Neuen Welt, die dank der Sklaven unbegrenzt zur Verfügung stand. Jeder Kolonist hatte das Recht auf ein Stück Land und die darauf lebenden Ureinwohner. Dies nannte sich »**Ecomienda**« und war die Basis der heutigen Latifundien. Die Leibeigenen wurden neben ihrer kostenlosen Arbeitskraft auch zu Abgaben an den Landbesitzer »**Ecomendero**« verpflichtet.

Der Landbesitzer verpflichtete sich dafür gegenüber der Krone samt seiner Gefolgschaft zum Militärdienst. Dieses System verhalf den Kolonisten oft zu schnellem Reichtum.

Parallel zu den indianischen Sklaven, die bald nicht mehr ausreichten, genehmigte die spanische Krone großzügig die Einfuhr von afrikanischen Sklaven. Da Spanien in Afrika keine Kolonien hatte, beteiligte es sich in erster Linie als Zwischenhändler. Wie viele Schwarze eingeführt wurden, war nie registriert worden. Man schätzt, dass Anfang des 17. Jahrhunderts ungefähr 14 000 Sklaven aus Afrika ein paar tausend Weißen gegenüberstanden.

In den nächsten Jahrhunderten kam es zu immer mehr Mischungen zwischen Schwarzen und Weißen (Mulatten), Indianern und Weißen (Mestizen) und auch zwischen Schwarzen und Indianern.

Im Verlauf des 18. Jahrhunderts geriet Panama, als Randprovinz von Bogota abhängig, immer mehr in die wirtschaftliche Bedeutungslosigkeit, da die Rivalitäten mit den anderen europäischen Großmächten Spanien mehr und mehr zu schaffen machten.

Zwischen den »**Criollos**«, den im Land geborenen Weißen, die vorwiegend als Händler und Kaufleute tätig waren, und den »**Peninsulares**«, den Weißen, die im Heimatland Spanien geboren wurden und oft in hohen, sicheren Beamtenpositionen sitzen, kam es immer mehr zu Spannungen. Außerdem machten der spanischen Krone Unabhängigkeitsbestrebungen der Kolonien zu schaffen.

Die panamaische Revolution war nicht von den europäischen Ideen, von »Freiheit, Gleichheit und Brüderlichkeit« beseelt, sondern strebte in erster Linie nach Handelsfreiheit. Deshalb schloss sich Panama 1821, kaum dass es sich von Spanien losgesagt hatte, gleich der **großkolumbianischen Republik** an, die aus Venezuela, Kolumbien und Ecuador (dem alten Vizekönigreich **Nueva Granada**) bestand. **Simón Bolívar**, der große Befreier Südamerikas, träumte von einem lateinamerikanischen Bündnis, das den ganzen süd- und mittelamerikanischen Kontinent umfasst, scheiterte aber mit der Absage Chiles, Argentiniens, Brasiliens, Boliviens, Uruguays und Paraguays. Aber Kolumbien und Panama gingen nach diesen vergeblichen Versuchen Bolívars wenigstens eine Weile einen gemeinsamen Weg als »**República de la Nueva Granada**«. Bald gab

es aufgrund vieler Gegensätze Autonomiebestrebungen Panamas.

1846 erlaubte Kolumbien den US-Amerikanern, eine Eisenbahnlinie zwischen dem Isthmus zu bauen, mit der Garantie für freien Transit und dem Recht, die Bahn mit Militärgewalt zu schützen. Während des Goldrauschs in Kalifornien kamen viele Goldsucher von der US-Ostküste über die panamaische Eisenbahnlinie auf die Pazifikseite und umgingen so die Durchquerung des nordamerikanischen Kontinents mit seinen ganzen Gefahren.

1855 wurde Panama ein teilautonomer Staat. Die militärische Führung und Kontrolle über den Transitverkehr blieb aber bei Kolumbien.

Das gesamte 19. Jahrhundert war von imperialistischen Bemühungen der USA geprägt, die eine Vormachtstellung auf dem gesamten amerikanischen Kontinent anstrebten.

1846 wurde ein Vertrag zwischen den USA und Kolumbien (**Bidlack-Mallarino-Treaty**) ausgehandelt, der den freien Transit über den bestehenden Weg am Isthmus und über geplante Wege dort für US-Amerikaner vorsah. Im Gegenzug dazu stellten die USA die Sicherheit des Transitweges klar.

Ferdinand de Lesseps

1876 wollten die Franzosen unter **Ferdinand de Lesseps** erstmals eine Wasserstraße am Isthmus bauen. Die französische Kanalgesellschaft wurde mit dem Bau beauftragt und nahm drei Jahre später die Bauarbeiten auf. Dadurch, dass der Kanal auf Meereshöhe geplant war und weder Dämme noch Schleusen vorgesehen waren, wuchsen die Kosten und die Schwierigkeiten gleichermaßen. Zusätzlich starben viele der eingesetzten Arbeiter an Tropenkrankheiten. Die Gesellschaft ging bankrott. Der Plan zum Bau des Panamakanals war vorerst gescheitert.

In den Folgejahren wuchs aber aus strategischen und wirtschaftlichen Gründen das Interesse der USA an einer interozeanischen Verbindung. Verhandlungen der Vereinigten Staaten mit Kolumbien verliefen erfolglos. Da richteten sie sich direkt an Panama. Sie legten das Konzept einer endgültigen Trennung Panamas von Kolumbien vor. Im Gegenzug dafür sicherten sie sich sämtliche Rechte am Bau des Kanals.

Am 3. November 1903 erklärte sich Panama mithilfe der USA unabhängig von Kolumbien. Bereits zwei Wochen später wurde der »**Hay-Bunau-Varilla-Vertrag**« unterzeichnet, der den USA alle Rechte und Befugnisse an der je fünf Meilen breiten Kanalzone und dem Kanal selbst gab. Panama erhielt 40 Millionen US$ für den Verkauf der Konzessionen. Der Kanalbau begann im Jahre 1904 und war innerhalb einer Dekade vollbracht. 1914 durchfuhr der erste Dampfer den Panamakanal. Kolumbien erhielt schließlich im Jahre 1925 für die Anerkennung Panamas als selbstständigen Staat 25 Millionen Dollar.

Die panamaische Verfassung erhielt einen Zusatzartikel, der dem US-Militär ermöglichte, jederzeit in der gesamten Republik zu intervenieren, wenn die öffentliche Ordnung und Sicherheit gefährdet waren.

Infolge mehrerer US-Interventionen, die panamaischen Widerstand hervorriefen, erfolgte im Jahre 1936 eine Revision des Kanalvertrags (**Hull-Alfaro-Vertrag**). Die jährlichen Pachtgebühren wurden erhöht und das Interventionsrecht der USA auf die Kanalzone beschränkt. Der Sonderstatus der Kanalzone blieb. Sie war wie eine US-amerikanische Insel mitten im Staate Panama!

In den folgenden Jahrzehnten verstärkten sich die antiamerikanischen Tendenzen. Dies zeigte sich in der Wahl **Arnulfo Arias de Madrid**, der 1940 zum ersten Mal zum Präsidenten des Landes gewählt wurde. Seiner ersten Amtszeit folgten noch zwei weitere als Präsident bis zum Jahre 1968.

Außerdem gewann die **Nationalgarde** immer mehr an Einfluss. Von 1952 bis 1955 stand **José Rémon**, der Präsident und Polizeichef in einer Person war, an der Spitze des Staates. Er fasste Polizei und Militär zur Nationalgarde (**Guardia Nacional**) zusammen, die so zum wichtigen politischen Werkzeug wurde, das **Torrijos** und **Noriega** später missbrauchen konnten.

1955 kam es zu einer erneuten Überarbeitung des Kanalvertrags (**Rémon-Eisenhower-Vertrag**), der aber für Panama keine nennenswerten Veränderungen brachte. Lediglich die Pachtgebühren wurden auf zwei Millionen Dollar erhöht, was aber noch immer in keinem realen Verhältnis zum wirklichen Gewinn stand.

Die Unruhen in der Bevölkerung in den 60er-Jahren fanden ihren Höhepunkt im sogenannten »**Fahnenstreit**« 1964. Amerikanische Studenten der Balboa-Universität hissten die US-amerikanische Flagge zu Beginn ihres Schultages, obwohl die amerikanische Regierung das Hissen der panamaischen Flagge an öffentlichen Gebäuden in der Kanalzone erlaubt hatte. Die panamaischen Studenten zogen zur Universität, um neben den Stars & Stripes die eigene Flagge zu hissen. Die US-Soldaten unterdrückten dies mit brutaler Gewalt. Die Unruhen hinterließen 22 Tote und über 100 Verletzte.

Panama legte den Streitfall dem Internationalen Gerichtshof und der OAS (Organisation amerikanischer Staaten) vor. Beide verurteilten das gewaltsame Vorgehen der USA. Es wurde versucht, die Lösung über einen neuen Kanalvertrag zu erreichen (**Robles-Johnson-Vertrag**, 1967).

Die nationalistische panamaische Bewegung errang die Wiederwahl des Präsidenten **Arias**

1968, der aber, kaum an die Macht gekommen, den Vertrag ohne Revision übernahm. Die Bevölkerung fühlte sich hintergangen. Die Nationalgarde stürzte in einer Blitzaktion den Präsidenten Arias »im Namen des Volkes«. Es wurde eine provisorische **Militärjunta** errichtet. Das Militär gewann immer mehr Macht über die Legislative, die Exekutive und die Judikative und festigte so ihre Kontrolle über die Gesellschaft.

Aus einem Machtkampf innerhalb des Militärs kristallisierte sich Anfang der 70er-Jahre zunehmend die Person des charismatischen **Omar Torrijos** hervor, der ein sozialistisches, von den USA unabhängiges Mittelamerika propagierte.

Mithilfe **General Noriegas** und der **Nationalgarde** konnte er die Herrschaft übernehmen. 1972 setzte er eine neue Verfassung in Kraft, mit der Nationalgarde als zusätzlicher Staatsgewalt, die Torrijos außergewöhnliche Macht verlieh.

Er verbot mit einer Zweidrittelmehrheit oppositionelle Parteien und schränkte die Pressefreiheit ein. Viele soziale Reformen verbesserten die Position der unteren und mittleren Bevölkerungsschicht enorm. Dem gegenüber standen Skru-

pellosigkeit der Regierenden, Korruption und Machtmissbrauch. Der öffentliche Sektor wurde gewaltig vergrößert und sicherte vielen aus dem Kreis der Machthaber eine Pfründe.

Zur Lösung der wirtschaftlichen Probleme des Landes versuchte man, mit Steuererleichterungen ausländische Firmen und Investitionen anzulocken. Speziell in Panama-Stadt schossen in den 70er-Jahren Banken wie Pilze aus dem Boden.

Auf internationaler Ebene wurden enge Kontakte zur DDR, zu Kuba und den Sandinisten in Nicaragua gepflegt. Gleichzeitig gab es aber auch gute Beziehungen zu den USA, Venezuela und Persien.

Im März 1973 beschloss der Sicherheitsrat der Vereinten Nationen eine Resolution, in der die USA wegen fortwährender Verletzungen der Rechte Panamas (auch noch infolge der Unruhen der 60er-Jahre) verurteilt wurden. Die USA stahlen sich nur durch Ausübung ihres Vetorechts aus der Affäre. Moralisch hatte Torrijos vor der Welt gesiegt.

Ein Jahr später wurde erneut über den Kanal verhandelt. Mit dem schließlich 1977 geschlossenen **Torrijos-Carter-Vertrag** begann ein neues Kapitel der Geschichte Panamas:

- Der Sonderstatus der Kanalzone wurde mit sofortiger Wirkung aufgehoben.
- Die Kanalverwaltung fiel bis zur endgültigen Übergabe an Panama zum Ende des Jahres 1999 unter die Verantwortung beider Länder.
- Kanalzone und Isthmus erhielten einen Neutralitätsstatus.
- Eine großzügige finanzielle Unterstützung der USA bis zur Übergabe wurde vereinbart.

Die Souveränität und die Verwaltung gingen im 21. Jahrhundert vollständig an Panama über. Nur 18 % der ehemaligen Kanalzone blieben US-amerikanisches Militärgebiet.

Ab 1978 zeigte sich das Land zunehmend demokratischer. Es gab eine Verfassungsreform. Das Parteienverbot wurde aufgehoben. Torrijos kündigte freie Wahlen an.

1981 kam Torrijos bei einem mysteriösen Flugzeugabsturz ums Leben. Der Machtkampf unter den Offizieren der Nationalgarde verstärkte sich. Noriega spielte bereits eine bedeutende Rolle. Zunächst aber überließ er das Schlachtfeld **General Paredes**, der neuer Machthaber wurde. Um den demokratischen Prozess nach außen hin fortzusetzen, wurde 1983 das Grundgesetz geändert. Der Einfluss der Nationalgarde sollte beschnitten, verfassungsmäßige Freiheiten und Grundrechte sollten gewährleistet werden.

Tatsächlich aber blieb die Vormachtstellung der Nationalgarde unangetastet. Noriega zog die Fäden im Hintergrund. Für die Öffentlichkeit versprach Paredes freie Wahlen, er zog sich jedoch dann zurück.

Am 16. Dezember 1983 übernahm **General Noriega** den Oberbefehl über die Nationalgarde, die er durch ihm ergebene Spezialtruppen ausbaute. Von 1983 bis Dezember 1989 waren alle eingesetzten Präsidenten vom Wohlwollen Noriegas abhängig (»Fingerpräsidenten«).

Noriegas Machterhalt und die Loyalität seiner Leute kosteten viel Geld. Es wurde ihm vorgeworfen, im Drogengeschäft mitzumischen. Ein ehemaliger Gegner namens **Spadafora** wollte aus dem selbst gewählten Exil nach Panama zurückkehren, um Beweise für Noriegas illegale Tätigkeiten vorzubringen. Er wurde von der Nationalgarde verhaftet, gefoltert und später tot aufgefunden.

Die US-Regierung distanzierte sich zunehmend von Noriega, der wegen seiner pockennarbigen Haut den Spitznamen »Ananasgesicht« trug. Auch im Land gab es Unruhen (Cruzadas civilistas). Großer wirtschaftlicher Druck entstand durch ein von den USA verhängtes Embargo.

Zu den Wahlen 1989 traten nur zwei große Parteienbündnisse an, die regimetreue **Colina** unter **Caen** und die oppositionelle **ADOC** unter **Endara**.

Endara zeichnete sich als Sieger ab. Daraufhin manipulierte Noriega die Wahlergebnisse. Der Wahlbetrug führte zu Ausschreitungen und schließlich zur Annullierung der Wahl. Neuwahlen lehnte die Regierung strikt ab. Die Opposition bestand auf dem Wahlsieg Endaras. Die Situation spitzte sich dramatisch zu. Auch internationale Vermittlungsversuche fruchteten nichts. Um die Lage zu beruhigen, ließ Noriega den angeblichen Wahlsieger abtreten und setzte seinen Vertrauten **Rodriguez** am 1. Oktober 1989 als Präsident ein.

Einen Tag nach Rodriguez' Antritt versuchte ein eigentlich Getreuer Noriegas mit US-Unterstützung einen Putsch, scheiterte aber kläglich. Noriega fühlte sich nunmehr unangreifbar und rief sich zum »Máximo Líder« aus.

Die USA bereiteten eine militärische Intervention vor, da Noriega zunehmend zur unbe-

Ein kunstvolles Keramikschild an Noriegas verfallener Villa erinnert noch heute an den General.

rechenbaren Gefahr wurde. Am 20. Dezember 1989 begann ein massiver Angriff auf Panama mit 200 Helikoptern, 110 Flugzeugen und 25 000 Soldaten. Die Operation lief unter dem Decknamen »**Just Cause**«. Gegen Noriega wurde Haftbefehl wegen Drogenhandels erlassen. Deswegen wurde er schließlich auch von Beamten der Antidrogenbehörde DEA und nicht vom US-Militär gefangen genommen. Endara wurde in eine US-Basis in Panama verbracht und dort als Präsident vereidigt.

Auf der einen Seite herrschte euphorische Begeisterung über den Sturz Noriegas, auf der anderen Seite herrschte ein ziemliches politisches Chaos, und Panama stand vor einer wirtschaftlichen Katastrophe. Die riesige Auslandsverschuldung des Landes musste bewältigt werden, die versprochene Finanzhilfe der USA ließ auf sich warten. Sparmaßnahmen, Kündigungen im öffentlichen Sektor und Korruption in der neuen Regierung führten zu hoher Kriminalität. Zusätzlich terrorisierten ehemalige paramilitärische Einheiten Noriegas die Einwohner der Hauptstadt.

Seit 1992 stieg das Wirtschaftswachstum wieder an, das von einem Bauboom und Umsatzrekorden in der Freihandelszone Colón ausgelöst wurde. Diese Branchen profitierten aber immer noch davon, dass Drogengelder »gewaschen« wurden.

Sozialreformen scheiterten. Eine im November 1992 vorgesehene Revision der Verfassung wurde von der Bevölkerung mit deutlicher Mehrheit abgelehnt. Dies stellte auch einen Protest gegen die Endara-Regierung dar.

1992/93 debattierte man verstärkt über eine Amnestie für die Noriega-Getreuen.

Die Endara-Regierung blieb weiterhin auf Sparkurs. Im Mai 1994 wurde erstmals seit 25 Jahren zu freien Wahlen unter internationaler Wahlbeobachtung aufgerufen. Mit gut einem Drittel der Stimmen siegte **Ernesto Balladares** von der PRD, der Partei, die Torrijos gegründet hatte und die der politische Arm des herrschenden Militärs war. Balladares bekräftigte, dass er nicht zum Militarismus zurückkehren wollte, sondern soziale Reformen, die Schaffung neuer Arbeitsplätze, Bekämpfung der Korruption und der Drogengeldwäsche durchsetzen wollte. Es folgte tatsächlich eine wirtschaftliche Besserung, Arbeitslosigkeit und Inflation sanken.

Balladares trug sich mit dem Gedanken einer erneuten Kandidatur im Jahre 1999, aber das Volk wählte im Mai 1999 **Mireya Moscoso** zur Präsidentin. Eine ihrer ersten Amtshandlungen war im Dezember 1999 die offizielle Übernahme des Panamakanals. So endete die fast hundertjährige Herrschaft der USA über die Kanalzone.

Am 2. Mai 2004 wurde der Sohn des früheren Präsidenten Omar Torrijos, **Martin Torrijos Espino**, zum panamaischen Präsidenten gewählt. Seinen Wahlkampf bestritt er mit der Parole »Sí, se puede« (Ja, es geht). In seiner Amtszeit wurde mit der Vergrößerung des Panamakanals begonnen.

Im Mai 2009 wurde der Kandidat des konservativen Lagers, der Unternehmer **Ricardo Martinelli**, mit überwältigender

Stimmenmehrheit von knapp 60 % zum Präsidenten gewählt. Zentrales Wahlkampfthema war der gut fünf Milliarden Dollar teure Ausbau des Kanals, der für das Land von großer wirtschaftlicher Bedeutung ist. Martinelli hat Wirtschaftswissenschaften in den USA studiert und ist Vorstandsvorsitzender des Unternehmens Super 99, einer großen Einzelhandelskette.

General Noriega, der so lange die Geschicke des Landes bestimmt hat, wurde am 11. Dezember 2011 von Frankreich an Panama ausgeliefert. Der damals 77-Jährige verbrachte wegen Drogenhandels die Jahre 1992 bis 2010 in US-amerikanischen Gefängnissen und wurde dann nach Frankreich überstellt, wo er wegen Geldwäsche einsaß. In seinem Heimatland Panama ist er nun wegen Verletzung der Menschenrechte und Ermordung politischer Gegner angeklagt.

Der Panamakanal

Der jahrhundertealte Plan, eine Wasserstraße zwischen Atlantik und Pazifik zu errichten, wurde 1876 in Angriff genommen. Ermutigt vom großen Erfolg der Franzosen nach

Miraflores-Schleusen aus der Luft

Büste De Lesseps' an der *Plaza de Francia* in Panamas Altstadt

Schwierigkeiten und häufig auftretende Tropenkrankheiten verzögerten die Arbeiten stark. Zusätzliche finanzielle Schwierigkeiten und ein politischer Skandal in Frankreich führten zur Insolvenz der französischen Kanalbaugesellschaft.

Kolumbien bot nun das gesamte Projekt den USA an. Die hatten aber zunächst kein Interesse, da sie in Nicaragua eine bessere Verbindungsmöglichkeit erwarteten.

Daraufhin entschloss sich Kolumbien, doch noch einmal die Franzosen mit der Fortführung der schon begonnenen Arbeiten zu beauftragen. Die mit viel französischem Privatkapital ausgestattete **Compagnie Nouvelle du Canal de Panamá** verfehlte aber erneut ihr Ziel. De Lesseps starb 1894, und 1898 wurden die Arbeiten endgültig eingestellt.

1899 wandten sich die USA, mittlerweile mit ihren Plänen gescheitert, in Nicaragua einen Durchbruch zu realisieren, an Kolumbien und wollten einen Vertrag abschließen. Der sollte sie berechtigen, einen Kanal innerhalb einer Zone mit politischem Sonderstatus in Panama zu bauen und die Konzessionen der französischen Kanalgesellschaft zu erwerben. Da Kolumbien mit den angebotenen zehn

der Eröffnung des Suezkanals 1869 wurden eine geeignete Kanalroute durch Panama gesucht, und es wurden Pläne für einen Kanalbau geschmiedet. Dazu hatte man eine französische Kanalbaufirma ermächtigt, die notwendigen Konzessionen von Kolumbien zu erwerben. 1879 wurde **Ferdinand de Lesseps**, der Erbauer des Suezkanals, als Präsident ebendieser Gesellschaft mit dem Bau einer Wasserverbindung auf Meereshöhe betraut. 1881 erfolgte der erste Spatenstich. Viele Arbeitskräfte warb man auf den karibischen Inseln an. Aber technische

Millionen Dollar nicht zufrieden war, verhandelten die USA direkt mit Panama, das schon seit einiger Zeit die Unabhängigkeit von Kolumbien anstrebte. Mit Hilfe des großen Freundes im Norden rief Panama am 3. November 1903 seine Unabhängigkeit aus und verkaufte den USA das Land für die Kanalzone und die nötigen Konzessionen.

1904 wurde der Kanalbau begonnen. Die USA entschieden sich für den **Gatún-Plan.** Dieser sah vor, dass die Schiffe in Schleusen gehoben und gesenkt würden und ein künstlich aufgestauter See die Verbindung zwischen den Schleusenab-

schnitten herstellte. Der Wasserspiegel des Pazifiks ist zwar nur um circa 24 cm höher als der des Atlantiks, aber die Schiffe müssen aufgrund des harten Bodengesteins und des *Culebra*-Bergrückens weit höher angehoben werden. Es waren Schleusenanlagen vorgesehen, die teilweise eine Anhebung bis 26 m auf das Niveau des *Gatún-Sees* vorsahen, um die kontinentale Wasserscheide zu überwinden.

1914 durchquerte das erste Schiff den neu eröffneten Kanal. Vor dem Bau des Kanals war die kürzeste Verbindung zwischen der Ostküste und der Westküste der USA die Magellanstraße

Die Schleuse öffnet sich. Im Hintergrund das Kontrollgebäude der Miraflores-Schleusen

Panamakanal-Fakten – Technische Daten (Stand Januar 2013):

Kanalfahrrinne: 81,6 km lang, 153 m breit, 14,3 m tief

Die **Schiffsklassen**, die passieren können, heißen »Panamax«. Sie dürfen maximal über folgende **Maße** verfügen:
Länge 294,13 m · Breite 32,31 m · Tiefe 12,04 m
Schiffe, die diese Maße übersteigen, nennt man »Post-Panamax-Schiffe«.

12 Schleusenkammern: 305 m lang, 35,5 m breit, 24,5 m tief
3 Schleusenanlagen zur Überwindung des Höhenunterschieds:
- Miraflores-Schleusen, ca. 16,5 m in zwei Stufen
- Pedro-Miguel-Schleuse, ca. 9,5 m in einer Stufe
- Gatún-Schleusen, ca. 26 m in drei Stufen

Innerhalb des Kanals befindet sich ein Archipel mit vielen Inseln. Einige Kanalabschnitte liegen inmitten künstlich angelegter Seen (Miraflores-See, Gatún-See)

Beschäftigte Arbeitskräfte: zur Zeit ca. 8000 (90 % Panamaer)

Schiffe/Tag: knapp 40

Fracht/Jahr: ca. 300 Millionen Tonnen

Durchfahrtszeit: 8 bis 10 Stunden Fahrzeit und ca. 12 Stunden Wartezeit

Jede Passage ist im Voraus durch die Reederei bei einer lokalen panamaischen Bank zu bezahlen.

Durchschnittliche Gebühr: 54 000 Dollar pro Durchfahrt

Niedrigste Gebühr: Der Amerikaner *Richard Halliburton*, der 1928 durch den Kanal schwamm und nach Schiffsmaß Tonnage eingestuft wurde, zahlte 36 Cent.

Höchste Gebühr: Das Kreuzfahrtschiff *Norwegian Pearl* zahlte 2010 375 600 Dollar.

Durch den Panamakanal verkürzt sich der Seeweg von New York nach San Francisco von 30 000 km auf ca. 10 000 km.

Seit 2007 wird der Kanal weiter ausgebaut mit dem Ziel, dass die Schleusen bei Fertigstellung 55 m breit und 427 m lang sind, sodass ein Großteil der Post-Panamax-Schiffe passieren kann.

2014/15 soll der erweiterte Kanal fertiggestellt sein – rechtzeitig zum 100-jährigen Jubiläum!

Streckenabschnitte bei Durchfahrt vom Pazifik zum Atlantik
- Einfahrt in den Kanal vom Golf von Panama durch die *Puente de las Américas*
- Miraflores-Schleusen
- Miraflores-See
- Pedro-Miguel-Schleusen
- Culebra-Kanal: Hier überspannt die *Puente Centenario* den Kanal
- 8 km auf dem natürlichen Fluss Río Chagres
- Gatún-See (Fahrrinne im Stausee)
- Gatún-Schleusen
- Ausfahrt über die Bahía de Manzanillo bei Colón in den Atlantik

Website: *www.pancanal.com*

Ein Frachter passiert die Miraflores-Schleusen.

Frachtschiff im Panamakanal, nahe der Miraflores-Schleusen

gewesen. Für die Seefracht von und nach China, Japan und den USA bekam der Panamakanal allergrößte Bedeutung. Seit 2007 wird der Kanal ausgebaut. Der finanzielle Aufwand hierfür ist erheblich. Die Finanzierung soll durch höhere Kanalgebühren und Kredite finanziert werden. Dem Ausbau stehen allerdings ökologische Bedenken gegenüber. Es wird befürchtet, dass der Kanal, der eine wichtige Süßwasserquelle für Panama-Stadt darstellt, dann zu viel Wasser verbraucht. Deshalb sollen neuartige Kanalschleusen als Sparschleusen mit mehreren Kammern dazu dienen, die Wassermenge zu minimieren.

Regierungsform

Nach der Verfassung ist Panama eine **Präsidialdemokratie**.

Nationalfeiertag des Landes ist der **3. November**, der Jahrestag der Unabhängigkeitserklärung von Kolumbien (1903).

An der Spitze der **Exekutive** steht der Präsident, dem zwei Vizepräsidenten zur Seite gestellt werden. Der Präsident wird direkt vom Volk auf fünf Jahre gewählt und ist Staatsoberhaupt und Regierungschef in einem. Eine anschließende Wiederwahl ist nicht möglich (frühestens nach zwei Wahlperioden). Die nächste Wahl findet im September 2014 statt.

Weiterhin besteht das ausführende Organ aus Ministern, die vom Präsidenten berufen und entlassen werden. Sie bilden zusammen die Exekutive, den Kabinettsrat, in dessen Verantwortung die Ausrufung des Notstands sowie das zeitlich beschränkte Außerkraftsetzen von Verfassungsrechten liegt.

Auch die Ernennung der Richter des Obersten Gerichtshofs obliegt dem Präsidenten.

Die gesetzgebende Gewalt **(Legislative)** übt gemäß Verfassung die »*Asamblea Legislativa*«, ein Einkammerparlament mit ca. 70 Abgeordneten, aus. Sie werden gleichzeitig mit dem Präsidenten für fünf Jahre gewählt.

Hier werden Gesetze beschlossen oder abgelehnt, der Haushalt wird genehmigt, Steuererhöhungen beschlossen und internationale Verträge oder Vereinbarungen ratifiziert.

Ein Veto des Präsidenten kann mit einer Zweidrittelmehrheit der Abgeordneten überstimmt werden.

Die oberste richterliche Gewalt **(Judikative)** obliegt den neun Richtern des Obersten Gerichtshofs. Sie wachen über die Einhaltung der Verfassung, werden vom Kabinett für zehn Jahre ernannt und müssen vom Parlament (Asamblea Legislativa) bestätigt werden. In Artikel 200 der Verfassung wird festgelegt, dass zwei Richter alle zwei Jahre ersetzt werden. Ebenfalls alle zwei Jahre bekommt der Oberste Gerichtshof einen neuen Präsidenten.

Die Gerichtsbarkeit wird eingeteilt in drei Kammern: die Zivilgerichtsbarkeit, die Strafjustiz und die Verwaltungsjustiz.

Unter dem Obersten Gerichtshof sind drei Justizregionen mit fünf Distriktsgerichten mit je zehn Richtern, die vom Obersten Gerichtshof bestimmt werden, angesiedelt.

Verwaltungsmäßig ist Panama in neun Provinzen (Panama, Colón, Los Santos, Coclé, Herrera, Veraguas, Chiriquí, Bocas del Toro, Darién) unterteilt, mit jeweils einer Provinzhauptstadt und einem Provinzgouverneur.

Die Provinzen sind in gesamt 67 Distrikte unterteilt, mit je einer Distrikthauptstadt. Die Distriktregierung nennt sich »Consejo Municipal«. Ihr steht der jeweilige Bürgermeister vor, der im Gegensatz zum Gouverneur direkt vom Volk für fünf Jahre gewählt wird.

Außerdem gibt es fünf autonome Verwaltungsgebiete der indigenen Bevölkerungsgruppen (Ngöbe-Buglé, Emberá,

Guna Yala, Guna de Wargandí, Guna de Madungandi).

Die ehemals stark aufgeblähte **Nationalgarde** wurde unter *Torrijos* auf gleiche Ebene gestellt wie die drei anderen Staatsgewalten (Verfassungsänderung 1972). 1983 wurde sie unter *General Noriegas* Befehl gestellt und zur »Fuerza de Defensa de Panamá« (FDP) umorganisiert. Sie hatte eine starke Machtstellung im Staate. Nach dem Sturz Noriegas wurde die FDP sehr verringert, die höheren Offiziere entlassen und die Spezialtruppen Noriegas völlig aufgelöst. 1994 wurden ihr schließlich per Gesetz militärische Aufgaben völlig entzogen, und sie wurde zur zivilen Polizei umgewandelt. Somit ist Panama nach Costa Rica das zweite mittelamerikanische Land ohne Militär.

Panama hat kein Militär, aber starke Polizeikräfte.

Wirtschaft

Über zwei Drittel der arbeitenden Bevölkerung ist im **Dienstleistungssektor** tätig. Hauptarbeitgeber hier sind der Staat und die Kanalverwaltung. Das durchschnittliche Wirtschaftswachstum beläuft sich auf etwa 8 %. Es wird angetrieben von den Wirtschaftsfaktoren, der Kanal- und Hafenwirtschaft, dem Luftverkehr und der Telekommunikation.

Panama importiert fast alles, was benötigt wird. Die Ansiedlung von **Industrie** rentiert sich für das kleine Land mit knapp 3,6 Millionen Einwohnern nicht. So sind kaum Industriebetriebe zu finden. Das riesige Exportdefizit ist ein Dauerbrenner. Der Haushalt des Landes ist schwer belastet mit Auslandsschulden. Pläne zur Verringerung der Auslandsschulden traut sich aber kaum eine Regierung anzupacken, da sie mit unangenehmen Konsequenzen für die Wähler, wie sinkenden Löhnen und steigenden Preisen, verbunden wären. Es wird geschätzt, dass die Staatsverschuldung bis zum Jahre 2015 auf 15,3 Milliarden US$ anwachsen wird.

Der Panamakanal hat eine herausragende Bedeutung für die **Freihandelszone von Colón.**

Die Importe aus den USA, der EU und Asien kommen in Colón an, werden gelagert und umgepackt, um dann entweder im Lande verbraucht zu werden, oder in weitere lateinamerikanische Länder exportiert. Bei alledem fällt nur geringe Steuer und kein Zoll an. Da auch noch alles in US-Dollar abgerechnet wird, ist der Handel umso attraktiver. Das Gebiet hat sich zu einem großen Warendepot ausländischer Firmen entwickelt.

Der Bausektor hat sich zum Motor für neue Arbeitskräfte entwickelt. Hier treiben Großprojekte wie der Ausbau des Kanals, der Bau der Metro in Panama-Stadt und der Ausbau der Bucht von Panama (Cinta Costera) und des Küstenstreifens die Wirtschaft an. Teilweise stoßen diese Projekte jedoch auch auf Widerstand der Bevölkerung. Die »Casco Viejo«, bisher geschützt als Weltkulturerbe der UNESCO, läuft Gefahr, diese Anerkennung zu verlieren.

Nur etwa ein Viertel der Werktätigen arbeitet in der **Agrarwirtschaft**. Durch die niedrigen Preise tragen sie aber nur ungefähr 7% zum Bruttoinlandsprodukt (BIP) bei.

Das durchschnittliche BIP-Jahreseinkommen pro Kopf beträgt ca. 8500 US$. Das ist im Gegensatz zu anderen latein-

amerikanischen Ländern relativ hoch, im Vergleich zu den Industriestaaten jedoch wiederum gering.

Mit Grundnahrungsmitteln kann sich das Land selbst versorgen.

Einige der Anbauprodukte gehen auch in den Export, bevorzugt nach USA, Europa und Asien. Hier sind in erster Linie **Bananen** zu nennen (knapp 28%), dann **Garnelen** (knapp 14%), schließlich **Rohrzucker** (ca. 11%) und **Kaffee** (ca. 5%).

Sehr großen Anteil am Wirtschaftsleben hat die **Bankenwelt**. Fast alle internationalen Banken haben Niederlassungen in Panama-Stadt. Ein verschärftes Bankgeheimnis, fehlende Kontrolle bei finanziellen Transaktionen, liberale Bankgesetze und die Verwendung des US-Dollars machen das Land für die Bankwirtschaft äußerst attraktiv. Dies bedeutet jedoch auch, dass manche negative Entwicklungen, wie das Waschen von Drogengeld, an der Tagesordnung sind.

Die einheimische Währung Balboa ist zu 100 % an den US-Dollar geknüpft. Größere Beträge werden immer in Dollar berechnet. Das Land hat keine einheimische Notenpresse.

Einen weiteren Teil seiner Wirtschaftskraft bezieht das Land durch seine **Billigflagge**. Panamas umfangreiche Handelsflotte existiert nur auf dem Papier. Zahlreiche internationale Reedereien können gegen eine geringe Registrierungsgebühr das Recht erwerben, unter panamaischer Flagge zu fahren. Sie umgehen auf diese Weise hohe Steuern und Sozialabgaben und strenge Schiffsinspektionen. Dies kann auf hoher See natürlich durchaus mal gefährlich werden.

Nicht zuletzt fängt auch die **Tourismusindustrie** an zu wachsen. Die meisten Impulse hierfür kommen jedoch noch von privater Seite. Das staatliche Tourismusamt IPAT hat zwar große Pläne, jedoch Schwierigkeiten, diese zu realisieren. Es haben sich ein paar Orte herauskristallisiert, die in erster Linie von Touristen besucht werden: *Panama-Stadt*, *Bocas del Toro*, *Boquete*, *El Valle* und manche ausgesuchte Pazifikstrände.

Recht vielversprechend entwickelt sich der sogenannte »**Seniorentourismus**«. Aufgrund der kurzen Anreise, der historisch engen Beziehungen, des guten Preis-Leistungs-Verhältnisses und des Klimas ist Panama für viele US-Pensionäre attraktiv. Die eigens für Senioren aus dem Boden gestampften Ferien- und Wohnanlagen werden klar von den »Gringos« dominiert, obwohl auch zunehmend mehr südamerikanische und vereinzelt auch europäische Auswanderer hier ihren Lebensabend verbringen.

Versuche, den **Ökotourismus** anzutreiben, war bisher noch kein allzu großer Erfolg beschieden. Das Land bietet zwar viele Naturschönheiten, hat aber Probleme, wirklich »geschützte« Gebiete zu schaffen und werbewirksam zu vermarkten. Da kann Panama momentan nur neidvoll auf seinen nördlichen Nachbarn Costa Rica schauen, der sich gerade auf diesem Gebiet einen Namen gemacht hat.

Bevölkerung

Panama hat 3,6 Millionen Einwohner, davon leben rund 1,5 Millionen in Panama-Stadt. Die Bevölkerung setzt sich aus folgenden ethnischen Gruppierungen zusammen:

- ▶ 58 % Mestizen (Mischlinge aus Indios und Weißen)
- ▶ 15 % Afro-Panamaer und Mulatten (Mischlinge aus Schwarzen und Weißen)
- ▶ 13 % Weiße
- ▶ 10 % Indios
- ▶ 4 % Asiaten

Die **Afro-Panamaer** haben ihren Ursprung in zweierlei Gruppen: Zum einen sind es die Nachfahren der von den Spaniern aus Afrika verschleppten Sklaven. Zum anderen entstammen sie westindischen Einwanderern, die als Arbeitskräfte für den Kanalbau, die Eisenbahnlinie oder Bananenplantagen nach Panama kamen. Letztere Gruppe spricht neben Spanisch ein kreolisches Englisch und ist vor allem in den karibikseitigen Provinzen Bocas del Toro und Colón ansässig.

Indios

Es gibt sechs indigene Stämme in Panama: Ngöbe, Buglé, Guna, Emberá, Naso und Bríbrí.

Ngöbe-Buglé (auch Guaymí, Movere, Bokota) ca. 285 000
Ethnisch gesehen sind es zwei

Dorfidylle bei den Ngöbe-Indios

Häuptling *Esteban Ariel Binns* ist besorgt um die Zukunft des Ngöbe-Buglé-Territoriums.

Untergruppen der Guaymí, die gemeinsam die Comarca Ngöbe-Buglé im westlichen Hochland besiedeln. Die rund 260 000 Ngöbe sprechen *Ngäbere*, die deutlich kleinere Population der Buglé (ca. 25 000) spricht *Buglére* und lebt im südlichen Teil des Stammesgebiets. Das Gebiet der Guaymí, die sich vorwiegend von Landwirtschaft ernähren und die mit Abstand größte indigene Gruppe Panamas stellen, ist touristisch wenig erschlossen. Umso mehr sind Geologen aus aller Welt dabei, die reichen Bodenschätze – vor allem Kupfer und Gold – in der Comarca Ngöbe-Buglé zu erschließen. Schürfrechte werden gehandelt,

und der Abbau hat schon an einigen Stellen begonnen, was immer wieder zu massiven Protesten der Ureinwohner führt. Die Indios werfen der Regierung vor, sie nicht, wie in Artikel 113 und 116 der panamaischen Verfassung geregelt, an Entscheidungen über den Landabbau und an Profiten daraus zu beteiligen. Am meisten Aufmerksamkeit erreichen die Ngöbe-Buglé meist durch tagelange, friedliche Blockaden der Interamericana mit Baumstämmen und Menschenketten.

Um die idyllischen Bauerndörfer der Ngöbe-Buglé zu erreichen, wo die Frauen in ihren bunten, wallenden Gewändern um das Lagerfeuer sitzen und die Männer melancholisch die Gitarre zupfen, müssen Sie beschwerliche Touren unternehmen, z. B. mit dem Pkw (Allrad) über Tolé (70 km westlich von Santiago) auf teilweise unbefestigten Straßenabschnitten Richtung Norden, in die Berge. Wenn Sie dort, wo die Straße aufhört bzw. unbefahrbar wird, noch gute zwei Stunden per pedes in die Berge marschieren, erreichen Sie die ersten strohgedeckten Hütten der Ngöbe. Aber Achtung: Es gibt dort keine Übernachtungsmöglichkeit! Sie sollten vor Einbruch der Dunkelheit wieder zurück auf der Interamericana sein.

Guna (auch **Tule**, ehemals **Kuna** genannt, bis der Name auf Forderung der Bevölkerungsgruppe 2012 offiziell geändert wurde, da es in der Guna-Sprache selbst kein »K« gibt), ca. 40 000

Die Gunas besiedeln das Territorium *Comarca Guna Yala*, das den schmalen, 180 km langen Küstenstreifen im Nordosten Panamas zwischen El Porvenir und der kolumbianischen Grenze sowie die vorgelagerten 365 Inselchen umfasst, von denen jedoch nur etwa 50 bewohnt sind (Ausflüge → »San-Blas-Inseln – das Paradies der Gunas«, S. 113). Diese traum-

haften Karibikinseln werden geografisch auch *Archipiélago de San Blas* oder einfach San-Blas-Inseln genannt.

Die Gunas leben zwar einerseits im Matriarchat, in dem bei innerfamiliären Entscheidungen die Frau das Sagen hat und die Männer nach der Heirat zur Familie der Frau ziehen, andererseits wird die politische Linie des semiautonomen Gebiets durch die Oberhäupter (Kaziken) der 52 eigenständigen Dorfgemeinschaften bestimmt. Die Kaziken werden nur von der männlichen Bevölkerung gewählt. Das Land der Gunas darf weder gekauft noch verkauft noch verpachtet werden, und

der jeweilige Kazike bestimmt, wer es zu welchen Bedingungen betreten darf. So dürfen manche Inseln gar nicht betreten werden, bei anderen werden schon stattliche Gebühren beim Anlegen mit einem Boot und weitere Dollars fällig, wenn man auf der Insel fotografieren möchte. Zunehmend mehr Dorfgemeinschaften vermieten heute ihre Bambushütten an Touristen.

Bei mehreren Aufenthalten im Guna-Land (verschiedene Inseln und Festland) konnten wir uns des Eindrucks nicht erwehren, dass die Gunas den weißen Mann immer noch als unwillkommenen Eindringling empfinden. Liegt es am Fehlverhalten einzelner Touristen oder am überlieferten Misstrauen aus historischer Erfahrung?

Die Rechtsprechung der Gunas ist zu respektieren, auch wenn sie oft weit von unseren Rechts- und Moralvorstellungen abweicht. Grundsätzlich gilt ein Fotografierverbot auf Guna-Land (für Mensch und Landschaft!), das sich allerdings mit etwas Verhandlungsgeschick und ausreichend Dollarscheinen schnell aufweichen lässt.

Wer das Verbot nicht beachtet und »vergisst«, sich freizukaufen, dem drohen Konfiszierung der Kamera durch die Guna-Polizei und drakonische Geldstrafen.

Auf den Inseln zählen Fang und Vermarktung von Hummer, Krabben und Tintenfisch, Kunsthandwerk und der Tourismus zu den Haupteinnahmequellen. Auf dem Festland betreiben die Stammesmitglieder auch Landwirtschaft, vorwiegend Bananenanbau und Viehzucht. Einige tausend Guna-Männer arbeiten auch in Panama-Stadt. Gunas gelten als begnadete Köche.

Das nach links gewinkelte Hakenkreuz in der Nationalflagge der Gunas hat nichts mit Nationalsozialismus oder einer indischen Swastika zu tun, sondern symbolisiert lediglich die Arme eines Tintenfischs, der nach Guna-Überlieferung die Welt erschuf.

Mola

Ursprünglich kannten auch die Gunas keine Kleidung und zierten nur ihre Haut mit geometrischen Mustern aus dem Saft der Jagua-Frucht. Spanische Missionare sollen es gewesen sein, die vor rund 170 Jahren den nackten Indios erstmals bunte Stoffreste brachten und sie anhielten, sich Kleider zu fertigen. Damals entstanden die ersten Molas, anfangs nur geometrische Muster anstelle der Körperbemalung, später auch Tiere. Schnell entwickelten die Guna-Frauen in aufwendiger Handarbeit farbenfrohe Nähkunstwerke, die die Vorder- und Rückseiten ihrer Blusen zierten, bald aber auch als Wandbilder in Regierungsgebäuden und in Museen in aller Welt Einzug hielten. Bei der Herstellung der Molas werden Stoffe oder Stoffreste ausgeschnitten und in mehreren Lagen übereinandergenäht, eine Technik, die als umgekehrte Applikation bezeichnet wird.

Heute sind die Herstellung und der Verkauf von Molas eine der wichtigsten Einkommensquellen der Gunas. Die Nähkunst wird nur unter den Frauen weitergegeben, was die Stellung der Frau im Guna-Matriarchat weiter festigt. Molas sind das beliebteste Panama-Souvenir und in nahezu jeder erdenklichen textilen Form (Blusen, Shirts, Taschen, Wandbilder, Topflappen etc.) direkt auf den San-Blas-Inseln, aber auch in Kaufhäusern und Ständen in Panama-Stadt erhältlich. Neben beeindruckenden geometrischen Strukturen sind Fische, Frösche, Leguane, Schildkröten, Vögel und Blumen besonders beliebte Motive. Ausschlaggebend für die Qualität der Molas sind unter anderem die Anzahl der verwendeten Stofflagen, die Feinheit der Nähstiche sowie die Gleichmäßigkeit und Größe der Motive. Last, but not least liegt auch hier die Schönheit im Auge des Betrachters!

Die Gunas werden nicht über 1,50 m groß und sind damit nach den Pygmäen aus dem afrikanischen Busch die zweitkleinste Bevölkerungsgruppe der Erde. Die Abgeschiedenheit und bestimmte Stammesriten fördern die Inzucht. Die Ethnie bringt weltweit den höchsten Anteil an Albinos hervor.

Während die Guna-Männer westliche Kleidung tragen, schmücken sich die Guna-Frauen mit bunten Kopftüchern, selbst genähten Molas und eng gereihten Perlenketten an den Beinen. Verheiratete Frauen tragen meist ein Septum-Piercing.

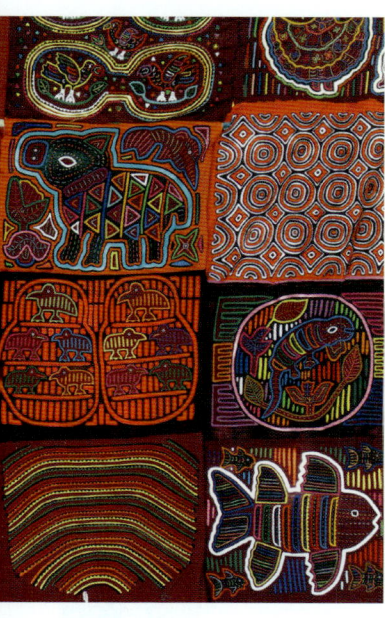

Emberá (auch Wounaan, Noanamá, Chocó), ca. 30 000

Diese ursprünglich aus Kolumbien stammende Ethnie bevölkert in Panama mehrheitlich zwei große, semiautonome Reservate: die *Comarca Emberá-Wounan Área 1* im Nordosten und die *Comarca Emberá-Wounan Área 2* im Südosten der Provinz *Darién*. Da es in dieser Gegend häufig zu Konflikten mit den Drogenkartellen kommt, wandern immer mehr Dorfgemeinschaften nach Zentralpanama ab und siedeln sich dort bevorzugt an Flussläufen im tiefen Dschungel an. Die Emberá-Dörfer um den *Río Chagres* sind von Panama-Stadt aus leicht zu erreichen und haben den Tourismus (→ »Besuch bei den Emberá-Indios«, S. 105) als neue Einnahmequelle für sich entdeckt. Die Emberás sind kleinwüchsig. Die athletisch gebauten Männer verkörpern das typische, dem Mann zugeschriebene Evolutionsbild des »Jägers und Sammlers«, wenn sie barfuß und behände, nur mit Lendenschurz bekleidet, im Urwald für das Mittagessen sorgen, das dann von den Frauen geschmackvoll zubereitet wird. Die an den Flüssen angesiedelten Gruppen erweisen sich zudem als gute Bootsbauer und geschickte Fischer, die auf

Die Jagua-Frucht

Die Jagua-Frucht (*Genipa americana*, auch Huito genannt) wächst auf etwa 12 bis 15 m hohen Bäumen im Urwald Mittel- und Südamerikas und ähnelt in Form und Größe einer Kiwi. Die Emberá sagen der Frucht Heilkräfte z. B. bei Bronchitis nach, die wissenschaftlich allerdings nicht belegt oder ausreichend erforscht sind. Das schleimig-weißliche Sekret der unreifen Jagua-Frucht führt nach Auftragen auf die Haut zu einer schwarzen bis dunkelblauen Färbung und wird deshalb von den Indios gerne zur Verzierung sämtlicher Körperregionen mit fantasievollen Ornamenten verwendet. Auch Touristen erliegen oft dem Reiz, sich ein temporäres Jagua-Tattoo verpassen zu lassen.

All diejenigen, die ein paar Tage später wieder am heimischen Schreibtisch sitzen müssen, sollten bedenken, dass sich Jagua-Tattoos nicht abwaschen lassen, egal, wie fest man auch rubbelt. Die Farbe verblasst von selbst innerhalb von sieben bis zehn Tagen durch die normale Regenerierung der Haut.

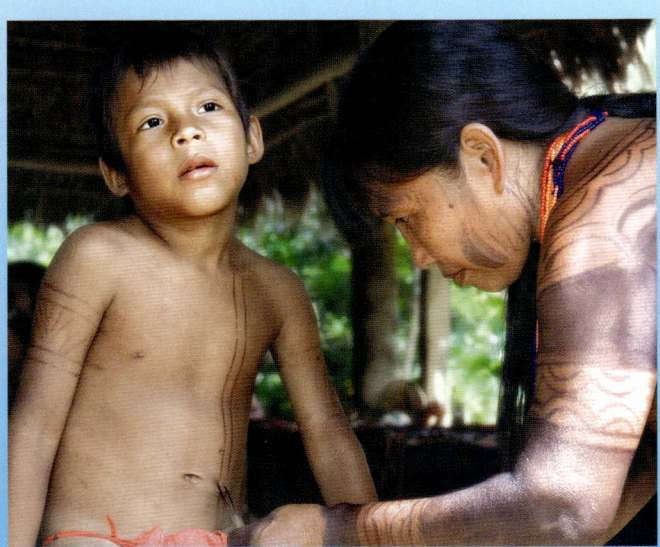

Emberá-Frau tätowiert ihrem Sohn das Muster einer Lanzenotter auf den Oberkörper.

mehrere Meter Distanz zielsicher ihre schwimmende Beute mit einem Speer erlegen. Zum Schutz vor unliebsamem Raubtierbesuch bauen die Emberás ihre Hütten stets auf Stelzen. Ein Dorf umfasst meist 20 bis 40 solcher strohgedeckten, zu einer Seite offenen Hütten. Daneben gibt es eine große Gemeinschaftshütte (ohne Stelzen), in der man sich zu Versammlungen, Tanzveranstaltungen und zum sozialen Austausch trifft. Die Emberás sind ein fröhliches, friedliebendes Volk, tanzen und lachen gerne, versuchen ihre Traditionen zu bewahren und sind dennoch auch für Touristen aufgeschlossen. Beliebte Souvenirs sind kunstvoll geflochtene Körbe, bemalte Obstschalen und kleine Schnitzereien aus dem Hartholz Cocobolo. In der natürlichen Apotheke der Emberás finden sich noch viele unerforschte Pflanzen mit mehr oder minder starkem Heilpotenzial.

Die Emberás sind ein fröhliches, friedliebendes Volk.

Brí-Brí und **Naso** (auch Teribe, Terraba) sind die kleinsten indigenen Gruppen in Panama. Die Brí-Brí, vorwiegend in Costa Rica beheimatet, leben u. a. entlang beider Ufer des Grenzflusses Sixaola, der im äußersten Nordwesten Panamas in den Atlantik mündet. Sie sind in ihren Traditionen stark verwestlicht und haben längst den Lendenschurz gegen Jeans und T-Shirts getauscht.

Die Naso leben an den Ufern des Teribe (auch Tjer dí), eines Nebenflusses des Changuinola, und werden deshalb oft nach ihrem Lebensraum, dem Fluss, benannt. Die Naso sind Jäger und Bauern, aber auch geschickte Handwerker, insbesondere bei der Herstellung von Korbwaren, Speeren und Einbäumen.

Religion

Die Bevölkerung Panamas ist überwiegend christlich: 86 % sind römisch-katholisch, 10 % protestantisch, 1 % jüdisch, 1 % moslemisch und der Rest verteilt sich auf andere Religionen und Atheisten.

Sprache

Die Amtssprache in Panama ist Spanisch. In Panama-Stadt und auf der Inselgruppe um Bocas del Toro in der Nordwestecke des Landes wird häufig auch Englisch verstanden. Wer des Spanischen nicht mächtig ist, kann sich mit unserem kleinen Sprachführer am Ende dieses Büchleins behelfen. Die meisten Buchstaben werden wie im Deutschen ausgesprochen. C spricht man, ausgenommen vor den Vokalen e und i, immer wie k und ll wie j aus. Für *Calle* (Straße) sagen Sie also »kaje«. H spricht man überhaupt nicht und j und g wie unser ch. *Hotel* klingt demzufolge wie »otel« und der Name *Juan* wie »chuan«. Das ñ spricht man wie nj aus. Zum *Panameño* (Panamaer, Panamaerin, Einwohner Panamas) sagen Sie also »panamenjo«.

Kultur

Während im Hinterland die indigenen Stämme mit Stolz ihre Traditionen bewahren, präsentiert Panama-Stadt eine bunte Mischung der Kulturen ihrer Einwanderer aus aller Welt. Aus den Häusern dringen sämtliche Musikrichtungen, ob Klassik, Pop, Rock, Reggae oder Latin Music, und die Speisekarten der zahlreichen Restaurants präsentieren kreolische, europäische und fernöstliche Gaumenfreuden.

Im **Figali Convention Center** (Avenida Amador, Panama-Stadt) geben sich Weltstars wie Elton John und Shakira die Ehre, und im Sommer treten Opernstars von Weltrang auf einer Freilichtbühne vor der Kulisse der Ruinenstadt Panama Viejo auf. Das **Teatro Nacional** in der Altstadt ist für seine exzellente Akustik bekannt.

Kinos sind meist in den großen Einkaufszentren angesiedelt und der Besuch sehr preiswert. Besonders bequem ist der VIP-Bereich mit riesigen Clubsesseln und Snack-Service.

Die Provinzen und indigenen Territorien Panamas

Panama wird verwaltungsmäßig in neun Provinzen *(Provincias)* und fünf indigene Territorien *(Comarcas)* unterteilt.

Die **Provinzen** und ihre Hauptstädte: Bocas del Toro (Bocas del Toro), Chiriquí (David), Coclé (Penonomé), Colón (Colón), Darién (La Palma), Herrera (Chitre), Los Santos (Las Tablas), Panamá (Ciudad de Panamá), Veraguas (Santiago).

Von den fünf indigenen **Territorien** haben drei Provinzstatus und zwei nicht.

Mit Provinzstatus: Emberá (Cirilo Guainora), Guna Yala (El Porvenir), Ngöbe-Buglé (Quebrada Guabo).

Ohne vollen Provinzstatus: Madugandí (Acua Yala) und Wargandí (Nurra).

Die Comarcas werden von den jeweiligen indigenen Bevölkerungsgruppen selbst verwaltet.

Stelzenhaus in der Provinz Bocas del Toro

Klima und Geografie

Panama liegt geografisch wie klimatisch in den Tropen. Das Klima ist feucht-heiß und zeichnet sich durch das Fehlen der Jahreszeiten, wie wir sie kennen, aus. Es gibt nur die Trockenzeit, »verano« (Sommer) genannt, von Mitte Dezember bis Mitte April und die Regenzeit, »invierno« (Winter) genannt. Das ist die gesamte restliche Zeit. Die höchste Niederschlagsmenge findet sich hier jedoch im Oktober und November.

Ausschlaggebend für die Niederschlagsmengen sind die *Zentralkordillere* und der nordöstliche Gebirgsbogen, die zusammen die kontinentale Wasserscheide bilden und das Land in eine immerfeuchte Karibikseite und eine wechselfeuchte Pazifikseite teilen.

Die durchschnittliche Luftfeuchtigkeit beträgt ca. 88 %!

Man unterscheidet fünf Klimazonen:

▶ Heißes, sehr feuchtes Klima im westlichen Teil der Karibikküste

Klimatabelle Panama-Stadt

	Jan.	Feb.	Mär.	Apr.	Mai	Juni	Juli	Aug.	Sep.	Okt.	Nov.	Dez.
Tagestemperaturen in C												
	32	33	33	33	32	31	31	31	31	30	31	32
Nachttemperaturen in C												
	22	23	23	24	25	24	24	24	24	24	24	23
Wassertemperaturen in C												
	28	27	26	26	27	28	29	29	29	29	28	28
Sonnenstunden / Tag												
	9	9	8	7	6	4	5	5	5	5	5	7
Relative Luftfeuchtigkeit (in%)												
	75	74	72	74	80	85	84	84	85	86	85	79
Regentage												
	4	2	2	6	16	16	15	15	15	20	18	12

- Heißes, feuchtes Klima im östlichen Teil der Karibikküste, auf der Halbinsel *Burica*, auf der Halbinsel *Soná*, in der Landenge von Zentralpanama und im *Darién*-Gebiet
- Heißes, trockenes Klima in Panama-Stadt, im Umland von *David* und um die Städte *San Carlos* und *Santiago*
- Gemäßigtes, trockenes Klima im Süden der *Zentralkordillere*
- Gemäßigtes, feuchtes Klima im Westen der *Zentralkordillere*, in der Gipfelregion der *Serrania de San Blas, de Tacarcuna, del Sapo* und *de Pirre*

Flora und Fauna

Flora

In der tropischen Vegetation des Landes wachsen über 300 Baumarten und eine Unzahl an Orchideen, Bromelien, Farnen, Philodendron-, Helikonien- und Lilienarten.

Generell wird die Flora durch zwei grundlegende Faktoren bestimmt: die Niederschlagsmenge und die Höhenstufe.

Die größere Niederschlagsmenge führt auf der atlantischen Seite zu tropischen Regenwäldern mit Kronendach und üppigem Unterwuchs (Bromelien).

Viele tropische Orchideen gedeihen in *El Valle* und um den Vulkan *Barú*. Besonders sei hier genannt die Nationalblume des Landes »La flor de Espíritu Santo«, eine Orchidee, die nur im September blüht.

Ab 700 Höhenmetern findet man die Berg- und Nebelwälder. Eine konstant hohe Luftfeuchtigkeit führt auch hier zu üppiger Vegetation.

Die panamaische *Sabana* (Savanne) ist nicht eine ursprüngliche Gras-, sondern eine vom Menschen geschaffene Kulturlandschaft. Diese ist vor allem auf der Pazifikseite zu sehen. Für Agrarflächen wurden hier große Teile des Landes gerodet. Zwischen den landwirtschaftlich genutzten Flächen sieht man Inseln von übriggebliebenen Gräsern und Bäumen zwischen weidenden Rindern und Zuckerrohr.

Es gibt auch einzelne Aufforstungsprogramme. Hier werden aber oft landesuntypische Nadelbäume aus Nordamerika bevorzugt.

Im Tidenbereich der Küsten finden sich noch unverwüstliche Mangrovenwälder.

◼ Fauna

Säugetiere

Auch die Tierwelt bietet in Panama eine große Vielfalt. An zahlreiche **Affenarten** wie Mantelbrüllaffe, Panama-Perückenäffchen, Klammeraffen oder Totenkopfäffchen kann sich der Tourist erfreuen.

Raubkatzen sind schon etwas schwieriger zu finden. Sie sind oft bedroht, da ihr Fell hoch gehandelt wird. Der Ozelot ist zum begehrten Objekt der Pelzindustrie geworden. Neben ihm findet man in Panama aber ebenfalls die Wieselkatze, die Langschwanzkatze, den Jaguar und den Puma.

Kleinere Raubtiere im Land sind der südamerikanische und der mittelamerikanische Fisch-

otter sowie die gefräßige Tayra, ein marderähnliches Tier, das große Schäden in den Bananenplantagen verursacht.

Ebenso zur Plage werden kann der nordamerikanische **Waschbär**, der die Hühnerställe leer räumt. Der **Nasenbär** dagegen ernährt sich von Insekten, Obst und gelegentlich auch von

Fröschen und jungen Schildkröten. Der **Ameisenbär** findet, wie der Name schon sagt, sein Futter unter Ameisen und Termiten.

Ebenfalls Ameisen und Termiten vertilgen die skurrilen **Gürteltiere**, die im Land stark verbreitet sind.

Wenn man Glück hat, kann man auch **Faultiere** sehen, die die meiste Zeit des Tages, mit dem Rücken nach unten hängend, in den Bäumen verbringen.

Vielfältige Tierwelt: Nabelschweine (Pekari), Kapuzineräffchen und Leguan

Reptilien

Sie bevorzugen Blüten und Früchte, die in greifbarer Nähe sind, damit für die Nahrungssuche keine unnötige Energie verschwendet wird. Sie machen also ihrem Namen alle Ehre.

Zu den Säugetieren gehören auch die **Fledermäuse**, wie z. B. die Fransenlippenfledermaus, die sogar die Lockrufe von Fröschen unterscheidet und so die giftigen unter ihnen meiden kann.

In den Wäldern und Wiesen Panamas tummeln sich ungiftige Schlangen wie die Boa Constrictor und die falsche Korallenschlange (rot, meist heller Streifen in der Mitte zwischen schwarzen Streifen), aber auch hochgiftige Schlangen wie die echte Korallenotter (rot, meist schwarzer Streifen in der Mitte zwischen gelben oder weißen Streifen) und die mittelamerikanische Lanzenotter (*Bothrops asper,* auch *Fer-de-lance*). **Bei allen Ausflügen und Wanderungen, und sei's nur im Stadtpark, sind festes Schuhwerk**

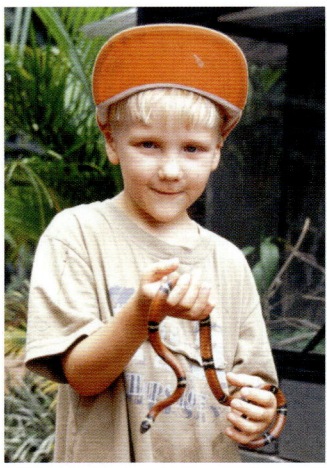

Die unechte Korallenschlange (im Bild) ist nur schwer von der hochgiftigen Korallenotter zu unterscheiden.

und hohe Aufmerksamkeit angesagt!

Artengeschützt sind Kaimane und Leguane.

Meeresschildkröten wie die echte Karettschildkröte oder die Bastardschildkröte kommen jährlich zu bestimmten Zeiten aus dem warmen Pazifik zur Eiablage an die Sandstrände der Pazifikküste und bieten dann ein großartiges Naturschauspiel.

Landschildkröten sind dagegen permanent anzutreffen.

Fische

Hier ist sowohl in den Seen und Flüssen als auch im Meer eine große Artenvielfalt anzutreffen.

Die noch weitgehend intakten Korallenriffe bieten den exotischen, oft prachtvoll gefärbten Fischen ideale Lebensbedingungen.

Vögel

Für Ornithologen ist Panama allemal ein lohnendes Ziel. Etwa 900 Vogelarten sind hier heimisch, und rund 130 Zugvogelarten kann man zu bestimmten Zeiten beobachten.

Am populärsten sind wohl die Papageien. Da mit ihnen aber häufig illegaler Handel betrieben wird, sind sie stark gefährdet.

Tukane und Kolibris sind ebenfalls hier zu Hause.

Neben den bedrohlich wirkenden Kaimanen und den bedrohten Papageien ist vor allem die Harpyie – der Nationalvogel Panamas – für die hiesige Fauna typisch.

Amphibien

Gerade der Boden des Regenwaldes bietet ein Paradies für Frösche und Kröten. Bekannt sind die kleinen Baumsteigerfrösche, die in ihren Hautdrüsen Gift erzeugen, das auch von den Indianern zur Jagd als Pfeilgift verwendet wird. Sie warnen den Menschen durch ihre grell leuchtenden Hautfarben.

Nicht zu übersehen ist, allein durch ihre Größe, die Aga-Kröte. Sie kann bis zu 23 cm groß werden.

Insekten und Spinnen

Nicht nur die gut sichtbaren Tiere verdienen Erwähnung: In der üppigen Vegetation wimmelt es nur so von kleinen, kaum sichtbaren Lebewesen. Auf jedem Hektar Land tummeln sich ca. 46 000 Spinnen- und Insektenarten wie Käfer, Heuschrecken, Libellen (*caballitos del diabolo*) und viele prächtige Schmetterlinge. Unter Letzteren sticht vor allen Dingen der blau schillernde Morpho-Falter (*azul real*) mit bis zu 15 cm Flügelspannweite hervor.

Weiterhin zu beobachten sind Wasservögel wie Pelikan, Kormoran, Tölpel, Fregattvogel sowie Reiher, Storch und Ibis.

Auch Greifvögel wie Fischbussard, Prachtadler und Truthahngeier findet man in Panama. Der eindrucksvollste Vertreter dieser Gattung ist die **Harpyie** (Águila Harpía, Harpy Eagle), der **Nationalvogel Panamas**, der es auf eine Flügelspannweite von bis zu 2 m und eine Körperlänge bis zu 1 m bringt. Der Vogel ist in der Lage, neben Echsen und Schlangen auch Säugetiere wie Ratten, Affen, Faultiere und sogar Nasenbären zu reißen.

Praktische Reisetipps

An- und Abreise

■ Flugverbindungen

CONDOR (DE) fliegt täglich von Frankfurt/Main mit einem Zwischenstopp in der Karibik nach Panama-Stadt. Nur einmal pro Woche landet die CONDOR-Maschine auch in Panama, an den übrigen Tagen übernimmt die panamaische Staatslinie COPA (CM) die Teilstrecke ab dem Zwischenstopp. Die Gesamtflugdauer beträgt etwa zwölf Stunden, die Reisedauer jedoch 13 bis 19 Stunden.

Beliebt sind auch die Flugverbindungen mit IBERIA über Madrid/Spanien, mit KLM über Amsterdam/Niederlande und mit LUFTHANSA über Bogotá/Kolumbien. Die Flüge amerikanischer Airlines über Miami, Atlanta oder New York sind für viele Reisende wegen der oft strapaziösen US-Einwanderungsprozedur nur mehr dritte Wahl.

■ Einreisebestimmungen

Für Deutsche ist bei einer Aufenthaltsdauer bis zu 180 Tagen, für Österreicher und Schweizer bis zu 90 Tagen kein Visum erforderlich. Es muss jedoch ein gültiges Rückreise- oder Weiterreiseticket vorgelegt werden können. Außerdem muss der Reisepass bei Einreise noch mindestens sechs Monate gültig sein.

Reisende, die mit Zwischenstopp in den USA oder Puerto Rico an- oder abreisen, müssen zusätzlich die Einreisebestimmungen der USA erfüllen!

> **Achtung:**
>
> Sofern Ihr Zwischenstopp in San Juan/Puerto Rico liegt, müssen Sie die gesamten US-Einreiseformalitäten inklusive frühzeitigem ESTA-Antrag durchlaufen!

■ Vertretungen deutschsprachiger Länder in Panama

Deutsche Botschaft, Tel.: (00507) 263-7733, Bereitschaftsdienst Tel.: (00507) 6517-3200, Fax: (00507) 223-6664,

Calle 53, Marbella, Edificio World Trade Center, Piso 20 (PH), Panama-Stadt

Website: ***www.panama.diplo. de*** – sehr informativ und gut gemacht! Deutsche Sprachwahl.

Schweizer Generalkonsulat, Tel.: (00507) 395-9922, Fax: (00507) 395-9923

Edificio Casa Blanca, Planta baja, Bella Vista, Calle 44 y Avenida Justo Arosemena, Panama-Stadt

Übergeordnete Schweizer Botschaft in Costa Rica: (00506) 2221-4829

Österreichisches Honorargeneralkonsulat, Tel.: (00507) 260-4525, Calle Sevilla Casa F 7b, Villa de las Fuentes Nr. 1, Panama-Stadt

Empfehlungen fürs Reisegepäck

- ▶ Sommerkleidung, Jacke
- ▶ Unterwäsche
- ▶ Langärmliges Hemd und lange Hose
- ▶ Badeanzug/Badehose
- ▶ Badetuch
- ▶ Sonnencreme
- ▶ Lippenschutz
- ▶ Insektenschutzmittel
- ▶ Moskitonetz (falls Sie beabsichtigen, im Hinterland oder auf Inseln zu übernachten)
- ▶ Sonnenbrille mit starker Tönung
- ▶ Schirmmütze mit Nackenschutz oder breitkrempiger Sonnenhut

- ▶ Sandalen
- ▶ Taschenlampe
- ▶ Multifunktionstaschenmesser (nicht ins Bordgepäck!)
- ▶ Tubenwaschmittel
- ▶ Waschbeckenstöpsel (Baumarkt)
- ▶ Wecker
- ▶ Ohrstöpsel
- ▶ Wörterbuch/Phrasenbuch
- ▶ Fotokamera und ausreichend Speicherkarten
- ▶ Videokamera und ausreichend Speichermedien
- ▶ USB-Stick/MP3-/4-Player

Übergeordnete Österreichische Botschaft in Mexiko, Tel.: (0052/55) 52 51 08 06

■ Zoll bei Einreise nach Panama

Gegenstände für den persönlichen Bedarf können zollfrei nach Panama eingeführt werden. Dazu gehören neben der eigenen Kameraausrüstung auch bis zu 500 Zigaretten oder 500 Gramm Tabak sowie drei Flaschen Alkohol. Frischgemüse, Früchte, Frischfleisch, Erde (auch Blumen in Blumenerde) und Drogen dürfen nicht eingeführt werden. Die Einfuhr von Landes- und Fremdwährung ist in jeder Höhe erlaubt, muss aber ab einem Betrag von umgerechnet 10 000 Balboas (Bs)/US$ bei der Einreise deklariert werden.

■ Zoll bei Einreise nach Deutschland

Wer mindestens 17 Jahre alt ist, darf 200 Zigaretten (oder 100 Zigarillos oder 50 Zigarren) und 1 Liter Hochprozentiges (oder 2 Liter bis 22 % Alkoholgehalt oder 4 Liter Wein oder 16 Liter Bier) zollfrei nach Deutschland einführen. Zusätzlich dürfen Reisende über 15 Jahren Waren bis zu einem Wert von 430 EUR (unter 15-Jährige bis zu 175 EUR) zollfrei einführen.

Ein besonderes Augenmerk legt der Zoll bei Reisenden aus Panama neben der Fahndung nach Drogen auf die Einhaltung des Artenschutzes und der Waffengesetze. Viele Muscheln, Schnecken und Korallen, die auf den Souvenirmärkten feilgeboten werden, sind nach dem Washingtoner Artenschutzübereinkommen geschützt. Die unerlaubte Einfuhr wird mit empfindlichen Strafen belegt. Auch wer Softairwaffen, Paintballmarker, Wurfsterne, Schlagringe und Butterflymesser einführt, muss mit einer Anzeige und hohen Strafen rechnen. Problemlos durch den deutschen Zoll bringen Sie **Macheten** (beliebtes Souvenir mit kunstvollen Gravuren und Lederscheide), egal, wie groß sie sind und wie gefährlich sie aussehen. Allerdings müssen Sie dieses Andenken beim Heimflug im Koffer aufgeben und dürfen damit keinesfalls in die Flugzeugkabine!

Weitere Details finden Sie auf den gut gemachten Websites *www.zoll.de* und *www.wisia.de* (Artenschutz-Infos).

Reisebüros und Tourenangebote

■ Reiseveranstalter in Deutschland

travianet GmbH, Tel.: 0991-296 767 219, *www.panama-reisen.com*
Travel to Nature GmbH, Tel.: 07634-50550, *www.panama-reisen.de*
Miller Reisen, Tel.: 07529-9713-33 und -71, *www.miller-reisen.de/Reisen.Panama.html*
Vive Panama (Direktreiseveranstalter), Tel.: 0211-41740102, *www.vivepanama.de*

■ Tourenveranstalter und Reisebüro vor Ort

GAPA Travel, Tel.: 215-3362 und 6674-1123, *www.gapatravel.com*
Calle 53, Obarrio, Edificio Hi-Tech Plaza, Office 9D, Panama-Stadt (Chef André Goatham spricht deutsch!)
Eco Circuitos, Tel.: 315-1305 und 315-1488, *www.ecocircuitos.com*
Albrook Plaza, 2. Stock, No. 31, Ancon, Panama-Stadt
Viajes Anita (IATA-Reisebüro, Auslandsflugbuchungen), Tel.: 223-9980 und 264-7646, *www.viajes-anita.com*
Calle D del Cangrejo (nahe Manolos Restaurant), Edificio Franz, Local 1, Panama-Stadt

Verkehrsmittel

■ Fluglinien

Die Panamaische Staatslinie **Copa Airlines** ist am Aeropuerto Internacional de Tocumen (PTY), etwa 25 km östlich von Panama-Stadt stationiert und bedient ein dichtes Streckennetz auf dem gesamten amerikanischen Kontinent und in der Karibik. Copa ist Mitglied der Star Alliance und Partner für Anschlussflüge von Lufthansa und auch von Condor. IATA-Code CM, Website: *www.copaair.com*

Air Panama hat ihre Basis am Marcos A. Gelabert International Airport (PAC) im Stadtteil Albrook und fliegt zahlreiche Inlandsziele an, u. a. David, Bo-

cas del Toro und El Porvenir. Es gibt mehrmals pro Woche einen Flug nach San José/Costa Rica, der deutlich preiswerter ist als der Copa-Flug.

Air Panama-Website: *www.airpanama.com*

■ Helikopter

Der Hubschrauber ist zweifelsfrei das eleganteste Transportmittel, aber naturgemäß leider auch das teuerste. Mit dem Helikopter genießen Sie nicht nur ein unvergessliches, erhebendes Fluggefühl, sondern auch große Unabhängigkeit. Folgende Hubschrauberfirmen bieten neben individuellem VIP-Service und Stadtrundflü-gen auch Touren zu den schönsten Spots zwischen Pazifik und Karibik an.

Heli Ancon, Tel.: 315-1840 und 315-1670, *www.heli-ancon.com* Marcos A. Gelabert International Airport (Albrook), Hangar 11-A, Panama-Stadt

Flotte: Eurocopter AS350-B3 und Robinson R44 Clipper II

Spezialgebiet: Lufttaxi, professionelle Film- und Fotoflüge

Chefpilot Cpt. Martin Bickel spricht deutsch!

Helipan, Tel.: 315-1836 und 315-1837, *www.helipan.com* Marcos A. Gelabert International Airport (Albrook), Hangar 16-A, Panama-Stadt

Flotte: Eurocopter EC 120

Colibri, Robinson R22, R44 und R66

Spezialgebiet: Lufttaxi, Hubschrauberpilotenschulung

Chef Cpt. Thomas Exenberger spricht deutsch!

■ Taxi

In Panama-Stadt gibt es jede Menge Taxis. Kaum haben Sie Ihr Hotel verlassen und wollen ein wenig durch die Straßen schlendern, stoppt alle 100 Meter ein gelbes Auto, und der Fahrer schreit heraus: »Taxi? Taxi?«. Nur wenn Sie wirklich mal eines brauchen, im Stoßverkehr, spät nachts oder bei Regen, dann stehen Sie oft ewig lange an einer großen Straßenkreuzung und warten vergeblich! Dieses Phänomen gibt es allerdings auch in anderen Großstädten …

Die Taxis fahren Sie leider nicht immer dahin, wo Sie wollen, machen oft mal Umwege oder nehmen unterwegs noch weitere Passagiere mit. Der Fahrpreis sollte unbedingt vor Fahrtantritt ausgehandelt werden! Als grobe Richtlinie gilt: Eine Fahrt im Stadtgebiet kostet tagsüber für Einheimische 2 Bs/US$, für Touristen 5 Bs/US$, ab Einbruch der Dunkelheit, manchmal schon etwas früher (Stoßzeit), gilt der doppelte Tarif. Eine Fahrt vom internationalen Flughafen Tocumen in die Stadt oder umgekehrt kostet 10–15 Bs/US$, sofern Sie sich ein Taxi mit anderen Fahrgästen teilen können, oder 25 bis 35 Bs/US$, falls Sie den Wagen für sich alleine beanspruchen.

Neben den gelben Stadttaxis gibt es Unternehmen, die im Minivan sowohl Flughafenabholung als auch Halb- und Ganztagestouren anbieten. Diese Unternehmen sind in der Regel sicherer und seriöser, aber auch teurer als die meisten kleinen Allerweltstaxis. Die Preise sind sehr unterschiedlich und hängen vor allem von der Anzahl der beförderten Personen und der gebuchten Zeit oder Tour ab.

Wir haben mehrfach sehr gute Erfahrungen mit *Gisela Zambrano* und ihrem Taxiservice gemacht. Die zuverlässige Dame spricht fließend englisch und fährt einen gepflegten Minivan,

mit dem sie sowohl Einzelpersonen vom Flughafen abholt als auch Gruppen bis zu sieben Personen kreuz und quer durchs Land chauffiert. Gisela ist nicht nur eine sichere Taxifahrerin mit fairen Preisen, sondern auch ein guter Tour-Guide mit viel Wissen über Land und Leute.

Gisela Zambrano Tours & Transfers, Tel.: 6948-2500
E-Mail: giselazambrano30@yahoo.com

■ Busverkehr

Busse sind die günstigsten Verkehrsmittel, und man kommt hier schnell in Kontakt mit den Einheimischen. Die alten, kunstvoll bemalten »Diablos Rojos« (Rote-Teufel-Busse) werden immer mehr durch sterile, moderne Metro-Busse ersetzt. Busfahrten innerhalb von Panama-Stadt kosten 0,25 Bs, wobei der Fahrpreis erst bei Verlassen des Busses zu entrichten ist. Relativ unkompliziert sind Busfahrten auf den Hauptstrecken oder wenn das Ziel, z. B. ALBROOK MALL, eindeutig über der Frontscheibe angegeben ist. Wenn Sie zwischendurch aussteigen wollen, rufen Sie laut »Parada!«, und der Fahrer hält extra für Sie an!

Überlandfahrten in alle Landesteile gehen vom zentralen Busterminal an der ALBROOK MALL in Panama-Stadt ab und sind ebenfalls relativ preiswert. Es gibt zwar zwei Webseiten mit den Busfahrplänen unter *www.grantnt.com* und *www.thebusschedule.com/DE/pa*, aber verwertbar sind hier bestenfalls die Zeiten der ersten und letzten Fahrt. Es gilt die Faustregel: Wenn ein Bus voll ist, fährt er ab, und der nächste rückt nach. Das System funktioniert erstaunlich gut, und Sie warten selten länger als eine halbe Stunde.

■ Metro

Die *Línea Uno* der **Panamá Metro** führt vom Albrook Bus Terminal über zentrale Verkehrsknotenpunkte nach Los Andes. Das 1,5-Milliarden-Dollar-Projekt stand bei Redaktionsschluss für diesen Reiseführer kurz vor der Fertigstellung.

■ Mietwagen und Tourenvorschlag

Ein Tipp vorab: Wir haben die Erfahrung gemacht, dass es fast immer günstiger ist, den Leihwagen samt Versicherungspaket frühzeitig vor Abreise in einem europäischen Reisebüro oder Portal zu buchen! Wenn Sie das Hinterland erkunden wollen, empfiehlt sich ein Wagen mit Vierradantrieb (4-Wheel-Drive).

Sofern Sie in den ersten Tagen erst mal die Hauptstadt erleben, die klassische Bahnfahrt und ein paar Tagesausflüge unternehmen wollen, kommen Sie mit einem Tourentaxi billiger und stressfreier durch den chaotischen Verkehr als mit dem Mietwagen.

Für einen dreiwöchigen Panamaurlaub schlagen wir Ihnen folgende grobe Zeiteinteilung mit viel individuellem Gestaltungsspielraum vor:

1. Woche: Panama-Stadt, Erkundung der Hauptstadt und Tagesausflüge (→ S. 96) mit **Tourentaxi** oder Veranstalter

2. Woche: Mit dem **Leihwagen** von Panama-Stadt nach David (→ S. 135), Leihwagenabgabe in David muss bei Buchung angegeben werden und kostet eine kleine »Drop-off-charge«!

3. Woche: Mit dem **Bus** von David nach Almirante (Busziel Changuinola), per **Taxiboot** nach Bocas del Toro (→ S. 146), drei bis sechs Tage Inselhopping und Relaxen, dann mit Air

Panama **Rückflug** in die Hauptstadt

Mietwagenfirmen vor Ort:

Hertz, Tel.: 301-2611 und 264-1111, *www.rentacarpanama.com* National Car Rental, Tel.: 315-0416 (Albrook), *www.nationalpanama.com* Dollar Rent A Car, Tel.: 270-0355, *www.dollarpanama.com* Arrendadora Economica, Tel.: 229-5257, *www.arrendadoraeconomica.com*

■ Straßenverkehr

In Panama gilt Ihr nationaler Führerschein. Es herrscht Rechtsverkehr. Entfernungen werden in Kilometern und Geschwindigkeiten in km/h angegeben. Nur an den Tanksäulen schlägt der langjährige, amerikanische Einfluss noch durch: Hier misst man in Gallonen. *1 Gallone = 3,8 Liter* kostete bei Redaktionsschluss ca. 4,50 US$, d. h., der Liter kommt auf etwa 1 Euro. Sofern nicht anders ausgeschildert, gilt innerorts eine Geschwindigkeitsbegrenzung von 60 km/h, außerorts von 100 km/h.

Der Verkehr in größeren Orten ist meist recht chaotisch, es gibt viele Einbahnstraßen, die oft nur durch die Parkrichtung

Motorradposten an der Interamericana

gegen Gelbfieber vorweisen. Ansonsten sind für die Einreise nach Panama keine Impfungen vorgeschrieben.

Statistisch gesehen bringt jedoch jeder Urlaub aufgrund der verstärkten Freizeitaktivitäten auch ein erhöhtes Verletzungsrisiko mit sich. Ein guter Anlass also, den Impfschutz gegen *Tetanus* (Wundstarrkrampf) wieder aufzufrischen, am besten gleich in Kombination mit einer *Diphtherieimpfung*. Auch das Risiko einer Infektion mit *Poliomyelitisviren* (Auslöser der Kinderlähmung) ist in Mittel- und Südamerika höher als in Europa. Die letzte Schluckimpfung sollte daher nicht länger als zehn Jahre zurückliegen. Zusätzlich empfohlen wird die Impfung gegen

oder den Verkehrsstrom zu erkennen sind. Auf der Interamericana stehen häufig Motorradpolizisten mit Radarpistolen und belegen schon geringe Geschwindigkeitsüberschreitungen mit drastischen Geldstrafen (100 Bs/US$ und mehr Sofortkasse). Wer der Landessprache mächtig ist, kann mit Charme, Verhandlungsgeschick und manchmal auch einer Essenseinladung das Knöllchen vergessen lassen.

Gesundheitsvor- und -fürsorge

■ Impfungen

Nur wer aus Gelbfiebergebieten einreist, muss eine Impfung

Hepatitis A, bei längerem Aufenthalt auch gegen *Hepatitis B* und *Tollwut*. Vorbeugemaßnahmen gegen *Typhus* (Tabletten) sind bei Reisen unter schlechten Hygienebedingungen zu empfehlen, z. B. dann, wenn Sie durchs Hinterland reisen und auch mal auf dem Markt oder in kleinen, einheimischen Restaurants essen wollen.

▶ **Gesundheitspass** zu Impfdaten, Blutgruppe und ggf. Allergien mitnehmen!

Malaria

Für die meist gut behandelbare *Malaria tertiana* besteht ein mittleres Risiko in ländlichen Gebieten auf der Karibikseite und ein geringes Risiko in den tiefer gelegenen ländlichen Gebieten. Im Osten des Landes (Darién) und im Grenzgebiet zu Kolumbien kommt auch die gefährlichere Variante *Malaria tropica* (zum Teil mit Chloroquinresistenz) vor. Sehr geringes oder kein Risiko besteht in der Kanalzone und in den Stadtgebieten!

Den bei uns unter dem Handelsnamen Resochin bekannten Wirkstoff Chloroquin gibt es in Panamas Apotheken unter dem Namen *Aralen.*

Wer nur kurze Zwei- oder Dreitagesausflüge in die Risikogebiete unternimmt, muss sich letztlich selbst zwischen einer relativ aufwendigen und auch noch vier Wochen nach Reiseende durchzuführenden *Medikamentenprophylaxe* oder *alternativen Schutzmaßnahmen* entscheiden. Folgende Vorkehrungen können das Risiko, von der nachtaktiven, krankheits-

---

Tipps zur Vorsorge

▶ Auslandskrankenversicherung mit Krankenrücktransport abschließen!

▶ Lassen Sie sich vor Ihrer Abreise aus Europa durch Ihren Hausarzt beraten und Ihre Reisetauglichkeit bestätigen.

▶ Nützliche reisemedizinische Infos gibt's u. a. auf den Internetseiten *www.dtg.org* und *www.frm-web.de*

▶ Der Staat Panama gewährt derzeit Touristen kostenfreie medizinische Notversorgung für die ersten 30 Tages ab Datum des Einreisestempels. Information und Krankenfallaufnahme unter Tel.: 204-9300 oder 800-2312

▶ Ärzte und Notrufnummern → vordere Umschlaginnenseite!

übertragenden Anopheles-Mücke gestochen zu werden, mindern:

- ► Tragen von *hellen, langärmeligen* Hemden und *langen* Hosen zur Abenddämmerung und *körperbedeckender* Schlafkleidung
- ► Verwendung von Insektenschutzmitteln
- ► Verwendung eines *Moskitonetzes* in den oben genannten Gefährdungsgebieten
- ► Verwendung von Insektenschutz-Duftkissen oder -Duftkerzen im Zimmer

Chagas-Krankheit und Leishmaniose

Die **Chagas-Krankheit** wird durch (vorwiegend nachtaktive) *Raubwanzen* verbreitet, die vorzugsweise in dünne Hautregionen (z. B. Augen, Lippen) stechen und nahe der Einstichwunde defäkieren. In der akuten Phase treten oft Entzündungen um die Einstichwunde auf. Noch Jahre später kommt es zu einer schweren, chronischen Abwehrschwäche.

Vorbeugung: Bei juckenden Stichen an den prädestinierten Bereichen nicht kratzen! Erst damit wird der Kot der Raubwanze in die Wunde gerieben und die Erkrankung ausgelöst. Nutzung geschlossener Wohnräume (Hotels) oder eines engmaschigen, auch bodenseitig durchgehenden Moskitonetzes bei Übernachtung in offenen Strohhütten oder Zelten (Indio-Dörfer, Inseln).

Die **Leishmaniose** ist eine durch *Sandmücken* übertragene Infektionskrankheit mit unterschiedlichen, teilweise sehr schwer verlaufenden Krankheitsbildern. Nach dem Stich kommt es zu juckenden Knötchen und Hautgeschwüren.

Vorbeugung: Körperbedeckende Schlafkleidung, Insektenabwehrmittel, engmaschiges auch bodenseitig durchgehendes Moskitonetz bei Übernachtung in offenen Strohhütten oder Zelten (Indiodörfer, Inseln).

■ Nahrung und Wasser

»Boil it, cook it, peel it – or forget it«, heißt eine alte Tramperregel. Auf gut Deutsch: Essen Sie nichts, was nicht geschält (Obst), gekocht oder gut durchgebraten ist. Das gilt sicherlich auch für Panama. Das Wasser hat nur in Panama-Stadt (mit Einschränkungen) Trinkwasserqualität. Ansonsten trinken Sie bitte nur gekauftes Trinkwasser (Verschlusssiegel prüfen!) und benutzen Sie dieses auch zum Zähneputzen!

Leckere Flüssigkeitszufuhr: Die Milch einer frisch aufgeschlagenen Kokosnuss.

Waschen Sie häufig und gründlich Ihre Hände mit Seife, in jedem Fall jedoch vor der Essenszubereitung und nach der Toilettenbenutzung.

▪ Sonne

Die Sonneneinstrahlung ist im ganzen Land sehr intensiv und wird oft unterschätzt. Je nach Hauttyp sollten Sie sich daher gut mit Sonnencreme und Lippenpomade schützen und Ihren Körper langsam an die UV-Strahlen gewöhnen. Sonnenschutzmittel mit den gängigen Lichtschutzfaktoren gibt es in allen Landesteilen. Schirm-

mütze, ein breitkrempiger Hut für die Dame oder ein klassischer Panamahut für den Herrn hilft Ihnen, immer einen kühlen Kopf zu bewahren.

Was aber, wenn's nun mal passiert ist? Abends rötet sich die Haut, beginnt zu brennen und zu jucken? Sofort bei den ersten Anzeichen dieser Art der Haut so viel Flüssigkeit wie möglich zuzuführen, hilft meist, Schlimmeres zu verhindern. Besonders gut eignet sich hierfür reine *Aloe vera* (in Panama im Supermarkt und in Apotheken erhältlich!). Das kühlende und wasserspendende Naturprodukt muss allerdings bis zum Abklingen der Symptome alle zwei Stunden aufgetragen werden, und **weitere Sonnenexpositionen sind in dieser Zeit zu vermeiden!**

▪ Sex

Urlaubsstimmung, karibisches Flair und ein paar Cocktails verleiten allein reisende Damen und Herren nicht selten zu sexuellen Abenteuern. Die Risiken und Nebenwirkungen soll jeder selbst einschätzen können. Wer jedoch kein Freund des Russischen Roulettes ist, darf auch **kein einziges Mal** auf die Benutzung eines Kondoms verzichten! Gemäß der letzten statistischen Erhebung aus dem Jahre 2009 sind 0,9 % der erwachsenen Panamaer mit Aids infiziert.

■ Durchfall (Diarrhoe)

Durchfall ist die mit Abstand häufigste Urlaubsplage. Ein leichter Reisedurchfall, wie er gelegentlich innerhalb der ersten drei Tage nach Ankunft auftritt, ist meist auf den veränderten Biorhythmus, den Klimawechsel, Reisestress und last, but not least die Umstellung der Ernährung zurückzuführen.

Zur Vorbeugung und Behandlung solcher Reisedurchfälle helfen die in deutschen Apotheken rezeptfrei erhältlichen Präparate *Perenterol* und *Tannacomp*. Wer trotz Durchfall unbedingt an einem gebuchten Ausflug teilnehmen will, kann durch Einnahme von *Loperamin,* einer Art »chemischer Stöpsel«, seinen Enddarm für eine Weile stilllegen. Zudem gibt es in panamaischen Apotheken gut wirksame, auf die lokale Keimbesiedlung abgestimmte Kombinationspräparate.

Wirklich schwere Durchfälle hingegen haben ihre Ursache immer in der massiven Aufnahme von Bakterien und Viren, am häufigsten über verunreinigtes Wasser, Salate und ungeschältes Obst. Sollte der Durchfall mit Fieber, Erbrechen oder Blut im Stuhl einhergehen oder länger als zwei Tage dauern, suchen Sie bitte **unbedingt einen Arzt** auf!

Bei allen Durchfallerkrankungen gilt:

▶ 12 bis 24 Stunden absolute *Nahrungskarenz* einhalten
▶ *Viel trinken* (mindestens drei Liter/Tag), am besten den

Tipps zur Reiseapotheke

Bitte denken Sie daran, Medikamente, die Sie regelmäßig einnehmen müssen, in ausreichender Menge und **im Handgepäck** mitzunehmen. Was nützt das spezielle Herzmittel, wenn es im verlorenen oder verspätet zugestellten Koffer liegt? Außerdem empfehlen wir die Mitnahme von:

▶ Virostatikum (Aciclovir-Creme) und/oder Herpifix-Elektrostift

▶ Kopfschmerzmittel (ASS/ Aspirin, Paracetamol)

▶ Durchfallmittel (Perenterol, Tannacomp, Loperamid)

▶ Ilon-Abszess-Salbe (falls mal ein Pickel in der Tropenhitze ausartet)

▶ Heftpflaster mit Schere

milchig-weißen Absud von gekochtem Reis, Kokosnusswasser oder stark gezuckerten Tee mit einem Schuss Orangensaft. In jedem Fall sollte zum *Elektrolytausgleich* pro Liter Flüssigkeit – auch bei Tee – unbedingt ein Teelöffel Salz beigegeben werden.

■ Medizinische Versorgung

Die medizinische Versorgung in Panama-Stadt und David ist gut, das Rettungssystem und die Versorgung auf dem Lande eher schlecht. Empfehlenswerte Ärzte finden Sie auf der vorderen Umschlaginnenseite. Weitere Fachärzte für einzelne Spezialgebiete kann Ihnen ggf. die Deutsche Botschaft benennen. Die drei besten Kliniken (nach subjektiver Einschätzung der Autoren) in Panama-Stadt:

► Hospital Punta Pacífica/ Consultorios Médicos Punta Pacifica, Panama-Stadt
Tel.: 204-8400, 204-8300, 204-8000, *www.hospital puntapacifica.com*

► Hospital Centro Médico Paitilla, Av. Balboa y Calle 53, Panama-Stadt
Tel.: 265-8800 (Zentrale), 265-8888 (Notaufnahme), *www.centromedicopaitilla.com*

► Hospital Nacional, Av. Cuba, entre Calle 38 y 39, Panama-Stadt
Tel.: 207-8100 (Zentrale), 207-8136 (Notaufnahme), *www.hospitalnacional.com*

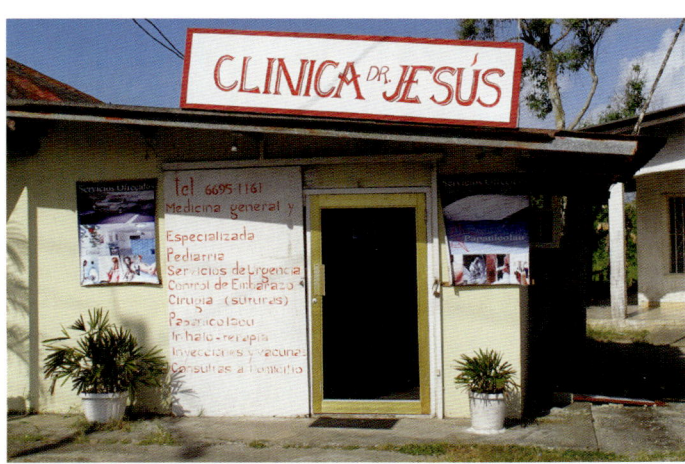

Klinik für alle Fälle – im Ort María Chiquita an der Karibikküste

Sicher reisen

Panama ist in den letzten Jahren deutlich sicherer geworden. Zum einen, weil die Wirtschaft boomt und es dem Volk zunehmend besser geht, zum anderen, weil die Polizeipräsenz in touristisch relevanten Gebieten drastisch erhöht wurde.

»Gelegenheit macht Diebe«, wie ein altes Sprichwort sagt, sie verleitet oft auch zu brutalen Raubüberfällen. Locken Sie die Gauner also besser nicht mit offen zur Schau getragener Rolex, Goldkettchen und Brillanten.

In **Panama-Stadt** sollten Sie vor allem nachts folgende Risikogebiete meiden: Flughafen Tocumen und Umgebung (insbesondere Juan Díaz und 24 de Diciembre), El Chorrillo, Santa Ana (Altstadt), Curundu, Calidonia und Pacora.

Am internationalen **Flughafen Tocumen** empfehlen wir dringend, auch tagsüber entweder ein vorbestelltes Taxi (→ S. 54) zu nehmen oder am Taxistand innerhalb des Flughafens ein registriertes Taxi anzufordern.

Die Stadt **Colón** gilt mit Ausnahme des Bahnhofs und des Busbahnhofs zu jeder Tages- und Nachtzeit als Hochrisikogebiet! Hier ist die Arbeitslosigkeit am höchsten, die Bevölkerung am ärmsten und die Gewaltkriminalität landesweit am höchsten.

Als besonders gefährlich gelten Reisen in die **Provinz Darién** (→ S. 165) und das **Grenzgebiet zu Kolumbien**.

Damit Ihr Traumurlaub nicht zum Albtraum wird, sollten Sie einige grundlegende Sicherheitsregeln beachten:

Tipps zu Ihrer Sicherheit

▶ Informieren Sie sich vor Reiseantritt auf der Website des Auswärtigen Amts unter **www.auswaertiges-amt.de** über das aktuelle Sicherheitsrisiko und entscheiden Sie selbst, ob Sie es eingehen wollen!

▶ Pass, Flugticket und Wertsachen gehören in den (Hotel- oder Zimmer-) **Safe!**

▶ Tragen Sie immer eine **Fotokopie Ihres Passes (inklusive der Seite mit Ihrem Einreisestempel)** bei sich. In Panama gilt Ausweispflicht!

▶ Führen Sie nur **wenig Bargeld** mit, am besten nicht mehr, als Sie beim Stadt- oder Einkaufsbummel im Einzelfall ausgeben wollen.

Kommunikation

■ Handy, Telefon, Telefax

Das panamaische Mobilfunknetz arbeitet auf GSM 850/1900 MHz. Sofern Ihr Handy quadbandfähig ist – das sind die meisten Geräte der neueren Generation –, funktioniert es auch in Panama, allerdings fallen je nach Anbieter sehr hohe Roaminggebühren an. Diese sparen Sie, wenn Sie sich mit Ihrem Smartphone in das WiFi-Netz (WLAN) Ihres Hotels einloggen und über *www.toolani.de* oder *www.skype.de* telefonieren.

Am billigsten und auch noch mobil telefonieren Sie, wenn Sie in einem der zahlreichen Handyshops in Panama City ein Werbeangebot der großen Netzanbieter *Movistar, Mas Movil, Claro* oder *Digicel* annehmen. Ein Telefonat ins europäische Fest- und Mobilnetz kostet dann meist nur wenige Cent, und das Startguthaben reicht schon für einige Stunden. Am teuersten telefonieren Sie über das Zimmertelefon Ihres Hotels.

Faxe verschicken Sie am besten über Ihre Hotelrezeption oder ein Internetcafé.

Von Panama nach Deutschland wählen Sie 0049 voraus, nach Österreich 0043 und in die Schweiz 0041. Anschließend

▶ Tragen Sie am Strand und auf der Straße **nie teuren oder teuer aussehenden Schmuck** (auch Uhren, Ringe, Ohranhänger).

▶ Gehen Sie **rasch** und **zielstrebig** weiter, wenn Sie eine Gruppe verdächtiger Gestalten mit Zurufen und Fragen stoppen möchte.

▶ **Meiden Sie** Exkursionen bei **Dunkelheit** und in **einsame Gegenden.**

▶ Meiden Sie die genannten Risikogebiete (→ S. 63!).

▶ Geben Sie im Falle eines Überfalls **widerstandslos alles, was Sie haben!**

▶ Lassen Sie sich **nie** auf **Drogen** ein! Schon beim Besitz kleiner Mengen muss mit drastischen Haftstrafen gerechnet werden!

▶ Lassen Sie Ihre **Kreditkarte nie aus den Augen!**

wählen Sie die gewünschte Ortsvorwahl ohne die erste Null und dann die Teilnehmernummer. Die Landesvorwahl für das panamaische Telefonnetz ist 00507.

■ Internet

Die meisten Hotels und Hostels in Panama City und größeren Orten bieten kostenlosen Internetzugang an, sowohl mit PC als auch über WiFi (WLAN). Darüber hinaus gibt es zahlreiche Internetcafés (z. B. in der Via Veneto in Panama-Stadt oder in der Calle 1 und 3 in Bocas del Toro), in denen Sie preisgünstig surfen und skypen können.

■ Post

Leider funktioniert der Postversand von und nach Panama schlecht und nur unzuverlässig. Man-

ches bleibt auf der Strecke. Rechnen Sie mit Postlaufzeiten von drei bis acht Wochen für Briefe und Postkarten. Briefkästen gibt es in Panama nicht. Postkarten können Sie in großen Hotels abgeben, sofern Sie dort auch wohnen. Postämter sind rar.

Währung, Zahlungsmittel, Geldwechsel

Die panamaische Währung, der Balboa (PAB), ist ein echtes Kuriosum: Die Währung ist 1:1 an den US-Dollar gekoppelt. Der Balboa existiert faktisch nur in Münzen zu 1 Centesimo de Balboa, 5, 10, 25 Centesimos = Un Cuarto de Balboa, 50 Centesimos = Medio Balboa und **1 Balboa** (im Wert entsprechend **1 US$**). Als

Geldscheine gibt es ausschließlich US-Dollars. Preise werden in der Regel in Balboas ausgezeichnet, aber man zahlt z. B. eine Rechnung über 20, 30 oder 50 Balboas (Bs) natürlich in Dollarnoten. Wenn Sie anstelle eines »Cuarto de Balboa« mit einem US-Quarter bezahlen, wird dieser genauso angenommen.

Für Ihre Reise sollten Sie neben etwas Bargeld (US-Dollars, darunter viele kleine Scheine) unbedingt eine Kreditkarte dabeihaben! Mit Ihrer PIN (merken oder separat aufbewahren) können Sie damit an Bankautomaten landesweit Geld abheben. Leider funktioniert die EC-Karte für Barabhebung nicht (Ausnahme: Bocas del Toro). Auch Travellerschecks sind nur schwer und mit hohem Gebührenabschlag in Wechselstuben (nicht in Banken!) einlösbar.

Wem die Reisekasse geklaut wurde oder wenn einfach das Geld ausgeht, der kann sich von einer liquiden Person zu Hause schnell und unkompliziert über WESTERN UNION Bares anweisen lassen. Infos unter *www.westernunion.de* und in vielen deutschen Postämtern.

Zeitverschiebung

Zieht man von der im deutschen Sprachraum gültigen mitteleuropäischen Zeit (MEZ) sechs Stunden ab, erhält man die panamaische Zeit. Umgekehrt gilt: Wenn Sie um 12 Uhr mittags panamaischer Zeit zu Hause anrufen, ist es in Deutschland, Österreich und der Schweiz gerade 18 Uhr.

Während der mitteleuropäischen Sommerzeit beträgt die Zeitdifferenz sieben Stunden.

In Panama wird, wie auf dem gesamten amerikanischen Kontinent, die Zeit vor 12 Uhr mittags mit a.m. (ante meridiem) und nach 12 Uhr mit p.m. (post meridiem) angegeben. Wegen der Äquatornähe sind die Tage und Nächte in Panama das ganze Jahr hindurch nahezu gleich lang: Die Sonne geht gegen 6 Uhr morgens ziemlich schlagartig auf und ebenso rasch gegen 18 Uhr wieder unter. Für Mitteleuropäer durchaus ein Kuriosum.

Stromversorgung

In Panama kommen nur **110 V** (Panama-Stadt **120 V**), also die Hälfte der in Mitteleuropa üblichen 220 V, aus der Steckdose. Es genügt leider nicht, wenn

Souvenirs

Die Stromversorgung in Panama-Stadt funktioniert!

Die Nummer eins in der Beliebtheitsskala der Souvenirs sind zweifellos die *Molas* (→ S. 36) der Gunas. Die farbenfrohen Nähkunstwerke werden auf Gebrauchsgegenständen (Taschen, Etuis, Topflappen) oder einfach nur als schmucke Wandbilder in verschiedenen Größen und Qualitäten in den Straßen der Hauptstadt, auf Märkten und natürlich auf den San-Blas-Inseln angeboten. Nette Reiseandenken sind auch die kunstvoll gefertigten *Hartholzschnitzereien*, *Korb- und Keramikwaren* sowie *Schmuckstücke* anderer indigener Stämme. Eine *Machete* im kunstvoll verzierten Lederschaft erleichtert auch zu Hause die Gartenarbeit und erinnert dabei an den Urlaub (wg. Zoll → S. 50). Beim Kauf von *Hängematten (hamacas)* sollte man daran denken, dass Übergepäck teurer werden kann, als das schöne Stück im heimischen Versandhandel kostet. Wer sich einen echten *Panamahut* leistet, behält diesen beim Heimflug am besten gleich auf dem Kopf.

Aromatischer, *panamaischer Kaffee* und der ausgezeichnete und preiswerte *Abuelo-Rum* sind willkommene Mitbringsel für Nachbarn und Freunde.

Sie Ihren Rasierapparat oder Haarfön auf beide Spannungsarten umstellen können. Sie benötigen auch einen im Fachhandel erhältlichen Adapter, da in Panama nur die *US-Flachstecker* in die Dosen passen. Die Wechselstromfrequenz beträgt **60 Hertz** (im Gegensatz zu 50 Hertz in D, A und CH). Bitte vergewissern Sie sich, dass Ihr Laptop diese Frequenz problemlos verträgt.

Der Panamahut

Der Panamahut ist ein heller Strohhut, der seinen Ursprung in Ecuador hat und dort seit 1630 vorwiegend in den Städten Montecristi und Jipijapa hergestellt wird. Im spanischen Sprachraum ist er daher auch unter dem Namen *Jipijapa* bekannt, während die US-Amerikaner ihn oft nur lässig als *»a Panama«* bezeichnen.

Als die USA begannen, mit dem südamerikanischen Kontinent Handel zu treiben, liefen fast alle von dort importierten Waren über eine zentrale Zoll- und Sammelstelle in Panama, und auch die ecuadorianischen Hüte, die von dort aus in alle Welt gingen, trugen den Zollstempel »Panama«. So entstand der Name »Panamahut«.

Der Hut wird heute noch mit der Hand aus feinem Toquillastroh geflochten und erhält anschließend durch Feuchtigkeit, Wärme und Druck seine spezifische Form. Die luftdurchlässige Kopfbedeckung ist seit Jahrhunderten nicht aus der Mode gekommen, schützt vor Sonne und Regen und ist äußerst angenehm zu tragen. Schon Napoleon III., Ernest Hemingway, Winston Churchill, Harry S. Truman, Humphrey Bogart und Erich Honecker wussten den Panamahut zu schätzen.

Das beliebte Souvenir lässt sich – in Panama gekauft – sogar bequem zusammen- und wieder auseinanderrollen, vorausgesetzt, Temperatur und Luftfeuchtigkeit stimmen. Zurück in Europa, sollten Sie das besser nicht versuchen!

Freizeitvergnügungen

Sportler können in Panama wandern, klettern, Rad fahren, schwimmen, surfen, schnorcheln, tauchen, Kajak fahren, reiten, sich wie Tarzan und Jane auf Seilen von Urwaldwipfel zu Urwaldwipfel schwingen, Fallschirm- und Tandemspringen.

Tierfreunde finden ihr Glück beim Beobachten von Walen, Delfinen und exotischen Vögeln. Ja, sogar Gehirnjogging in einer Sprachschule ist möglich!

Hier ein paar nützliche Links:

Tauchen, Schnorcheln, Kajakfahren auf dem Meer:
www.scubapanama.com, www.bocaswatersports.com, www.fluidadventurespanama.com, www.coibadivecenter.com, www.scubacoiba.com

Surfen: *www.bocassurfschool.com, www.santacatalinabeach.com*

Kite-Surfing und Stehpaddeln: *www.shokogi.com, www.machetekites.com*

River Rafting/Schlauchbootfahren: *www.panama-rafting.com, www.boqueteoutdooradventures.com*

Canopy Tour: *www.panamaoutdooradventures.com, www.boquetetreetrek.com, www.canopytower.com/canopy-adventure*

Reiten: *www.panamaoutdooradventures.com, www.boquetesafari.com/menu, www.elvalle.com.pa/atracciones/animales/cabalgatas, www.aventurascesamo.blogspot.com*

Fallschirm- und Tandemspringen: *www.panamaskydivingcenter.com/tandem1.htm*

Delfine und Wale beobachten: *www.whalewatchingpanama.com, www.contadoraislandinn.com, www.dolphinbayhideaway.com*

Vögel beobachten: *www.birdingpanama.com, www.birdwatchingpanama.net*

Golf spielen: *www.summitgolfpanama.com, ww.golfinpanama.com, www.coronadoresort.com*

Sprachschulen: *www.spanishatlocations.com, www.spanishpanama.com, www.hablayapanama.com/de*

Panama
© Heller Verlag

Miraflores
Schleusen

COROZAL

Parque Nacional
Metropolitano

Panamakanal

Bahnhof
(Estacion de
Pasajeros)

Aeropuerto Marcos A Gelabert
Albrook (PAC)

Ave. Canfield

ALBROOK

Avenida Gaillard

Corredor Norte

Av. El Paical

Avenida Omar Torrijos

1

CURUNDÚ

Transistmica

BALBOA

ANCÓN

LA CRESTA

5 EL
CANGR

Puente de las Américas

Cerro
Ancón

Avenida Simón Bolívar

Avenida Central España

BELLA VIS

2

CALIDONIA

6

Cinta Costera / Ave. Balboa

7

3

4

AMADOR

CASCO
VIEJO

Bahia de Panama

PUNTA PAITILLA

Calzada de
Amador

N

Isla Naos

Isla Perico

Isla Culebra

Isla Flamenco

0   2 km

Orientierungspunkte

1 Albrook Mall & Busbahnhof
2 Country Inn Panama Canal
3 Mercado de Mariscos
4 Mercado del Municipio
5 Veneto Wyndham Hotel & Casino
6 Hotel Le Meridien
7 Multicentro + Hard Rock Cafe
8 Trump Ocean Club & Tower Hotel
9 Multiplaza Mall

Panama-Stadt

Im Großraum Panama-Stadt lebt fast die Hälfte der panamaischen Bevölkerung. Die Skyline der Metropole erinnert an Chicago oder New York, das Nachtleben mit den zahlreichen Casinos an Las Vegas. Die Küche ist international, das Klima tropisch, und die Menschen sind ausgesprochen freundlich (vorausgesetzt, man ist es selbst auch). Die *Panameños* versprühen einen ganz besonderen Charme, sind hilfsbereit und kontaktfreudig. Nicht jeder Kontakt ist jedoch unbedenklich (→ Sicher reisen, S. 63). Bittere Armut und glamouröser Luxus sind oft nur durch einen Straßenzug getrennt. Als sicher gelten u. a. die zentralen Stadtviertel *El Cangrejo, Bella Vista* und *Marbella*. Aber auch hier sollten Sie nicht Goldschmuck, Rolex und eine prall gefüllte Geldbörse offen zur Schau tragen.

Die Hauptstadt hat eine Menge zu bieten. Eine Stadtrundfahrt zu Beginn Ihrer Reise (am besten im Tourentaxi) verschafft Ihnen den nötigen Überblick. Zu den *Highlights*, die Sie an einem Tag schaffen können, gehören die Miraflores-Schleusen und das angeschlossene **Kanalmuseum**, der Aussichtshügel **Cerro Ancón**, die beeindruckende Bogenbrücke **Puente de las Américas**, das am östlichen Stadtrand gelegene »alte Panama« (**Panama Viejo**), das Altstadtviertel **Casco Viejo** und vielleicht auch noch der Sonnenuntergang am **Calzada de Amador**.

Miraflores-Schleusen und Kanalmuseum

Das an der Ostseite der Miraflores-Schleusen gelegene Besucherzentrum CVM (Centro de Visitantes de Mira-

Ein Frachter passiert das Besucherzentrum der Miraflores-Schleusen (großes Bild). In dem modernen Bau (rechts oben) kommt man der Gegenwart, im angegliederten Kanalmuseum (darunter) der Vergangenheit ganz nah.

flores) erreichen Sie in etwa 30 Autominuten ab dem Zentrum der Hauptstadt. Hier können Sie von einer Tribüne aus hautnah die Schleusendurchfahrt der Ozeanriesen beobachten. Dazu gibt es detaillierte Informationen über Lautsprecher in spanischer und englischer Sprache. Auch wenn es den Anschein hat, die tonnenschweren Diesellokomotiven an den Ufern der Schleusenkammern würden die Schiffe an Stahlseilen durch die Schleusen schleppen, so sind diese »Mulas« jedoch in erster Linie zur Stabilisierung und Positionierung der Schiffe da und haben nur geringen Einfluss auf deren Vorwärtsbewegung.

Unbedingt sehenswert ist das angegliederte **Museum**, das eindrucksvoll und mit vielen interessanten Exponaten die Entstehungsgeschichte des Kanals dokumentiert und zudem auch über die Flora und Fauna im gesamten Kanalbereich informiert.

Zum Besucherzentrum gehören auch ein Restaurant, mehrere Snack-Bars und ein Souvenirshop.

Blick vom Cerro Ancón auf Panama-Stadt

Öffnungszeiten: Tribüne und Museum täglich 9–16:30 Uhr Restaurant mit Aussichtsplattform täglich 12–23 Uhr
Eintritt: Erwachsene 8 Bs/US$, Kinder 5 Bs/US$ (unter fünf Jahren frei)
Website mit Webcams: *www.pancanal.com*

Cerro Ancón

Der dicht bewaldete, südlich der *Albrook Mall* gelegene Hügel (199 m) mit seinen Sendemasten und der panamaischen Flagge am Gipfel ist von vielen Teilen der Stadt aus zu sehen und ein guter Orientierungspunkt. Die Zufahrt erfolgt über die *Quarry Heights Road*, von der aus die *Calle Cerro Ancón* zum Gipfel führt. Ein Wachposten regelt mit Sprechfunk den einspurigen Verkehr. Gegenüber seines Häuschens führt eine mit Drahtgitter getarnte Türe in den Berg, der ein kleines Geheimnis birgt: 1945 wurde ein geräumiger Bunker in den Fels gesprengt, der im Falle eines Atomkriegs dem jeweiligen US-Präsidenten, seiner Familie und seinem Stab Schutz bieten sollte. Seit dem Abzug der

Amerikaner aus Panama zur Jahrtausendwende sind die rund 40 Räume dem jeweiligen panamaischen Präsidenten im Notfall vorbehalten. Der Bunker ist für die Öffentlichkeit unzugänglich.

Vom Gipfel, den Sie übrigens auch per pedes erstürmen können, haben Sie einen atemberaubenden Panoramablick über die Stadt!

Am Fuße des Cerro Ancón liegt der riesige, 1914 nach der ersten Kanaldurchfahrt eingeweihte Gebäudekomplex der *Panamakanalkommission*.

Puente de las Américas

Die **Puente de las Américas** (zu Deutsch: *Brücke der Amerikas*, gemeint sind Nord- und Südamerika) an der Pazifikseite des Panamakanals ist seit ihrer Erbauung 1962 ein unverkennbares Baudenkmal der Stadt. Wenn Sie sich davor fotografieren und das Bild um die Welt zwitschern lassen, weiß jeder, wo Sie sind!

Die gigantische Bogenbrücke (1654 m lang, 15 m breit, lichte Höhe 61 m) war bis zu der 15 km landeinwärts von der deutschen Baufirma Bilfinger und Berger erbauten und im Jahre 2004 fertiggestellten Schrägkabelbrücke *Puente Centenario* (Jahrhundertbrücke) die einzige Straßenverbindung zwischen den beiden großen amerikanischen Subkontinenten.

Puente de las Américas

Die alte Stadt – Panama Viejo

Die alte Ruinenstadt **Panama Viejo** liegt etwa 7 km östlich des Stadtzentrums an der Via Cincuentenario, genau an der Kurve, wo die Straße vom Meer weg landeinwärts abbiegt. **Panama Viejo** wurde am 15. August 1519 von den Spaniern als erste Stadt an der Pazifikküste gegründet. Erste Siedlungen an dieser Stelle vermuten die Archäologen jedoch bereits 500 bis 700 Jahre vor dieser Zeit. Über 150 Jahre war der Ort ein prosperierendes Handelszentrum am *Camino Real*, dem Schatzweg, der die Pazifikseite mit dem Karibikhafen *Nombre de Dios* (später: Portobelo) verband. Zur Stadt gehörten rund 5000 Holzhäuser sowie eine Münzanstalt, ein Krankenhaus, ein Gefängnis, eine Großküche, mehrere Klöster und eine prachtvolle Kathedrale, deren überragender Kirchturm *Torre de la Catedral* zum Wahrzeichen der Stadt erklärt wurde.

Nachdem der berüchtigte Seeräuber *Henry Morgan* 1671 den Ort bis auf die Grundmauern niedergebrannt und völlig ausgeplündert hatte, wurde er etwa 10 km südwestlich – da, wo heute das Altstadtviertel *Casco Viejo* liegt – in einer geschützten Bucht wieder neu aufgebaut.

Etwa 1 km stadteinwärts vom Kirchturm *Torre de la Catedral* liegt das zu den Ruinen von **Panama Viejo** zugehörige **Museo de Sito de Panama la Vieja** mit interessanten Ausgrabungen aus der Gegend. Die Exponate stammen sowohl aus der spanischen Kolonialzeit als auch von Indiostämmen, die hier schon Hunderte Jahre davor siedelten.

Öffnungszeiten: Di.–So. 9–17 Uhr (Kombiticket für Museum und Ruinen ist günstiger!)
Website: *www.panamaviejo.org*

Kirchturm der ehemaligen Kathedrale von Panama Viejo

Die Altstadt – Casco Viejo

Ein Besuch des Altstadtviertels *Casco Viejo*, zur besseren Unterscheidung von der oben beschriebenen Ruinenstadt öfters auch *Casco Antiguo* genannt, gehört zum Pflichtprogramm für Panamareisende. Die Restaurierung dieses UNESCO-Weltkulturerbes wurde in den letzten Jahren durch engagierte Investoren und Steuerboni stark vorangetrieben, Polizeipräsenz und damit die Sicherheit wurden – zumindest tagsüber – erhöht, zahlreiche Kneipen, Läden und Cafés versüßen das Flanieren. Abends und nachts sollten Sie die Altstadt meiden oder zumindest nicht alleine durchstreifen.

Starten Sie ihren Rundgang am besten am Präsidentenpalast *Palacio Presidencial* (1), einem imposanten Gebäude aus dem Jahre 1673, das allerdings nur an

La Catedral

Wochenenden öffentlich zugänglich ist. Der weiß getünchte Palast umfasst einen ganzen Häuserblock und ist der Sitz des amtierenden Präsidenten. Einen Straßenzug weiter östlich gelangen Sie auf die *Plaza Bolívar*, an dessen Ostseite sich die *Iglesia San Francisco de Asis* (4) erhebt. Der Platz mit der Bronzestatue des lateinamerikanischen Befreiers Simón Bolívar, vielen Schatten spendenden Bäumen und dem *Café & Restaurant Casablanca* (3) lädt zum Innehalten ein, am besten am Ende Ihres Rundgangs. Vorbei am *Teatro Nacional* (8), gelangen Sie auf einen bewachten Parkplatz – die einzige vernünftige Parkmöglichkeit in der Altstadt –, an

dessen südlichem Ende eine kleine, dreieckige Grünfläche liegt. Hier ist der perfekte Spot für ein Foto mit der imposanten Skyline der Hauptstadt im Hintergrund!

Danach schlendern Sie einfach die Promenade *(Paseo)* am Meer entlang, vorbei an Ständen mit Souvenirs (Kleidung, Hüte, Molas, Schmuck) bis zur *Plaza de Francia*. Im Halbkreis um den Obelisken mit dem Hahn auf der Spitze scharen sich die Büsten von Ferdinand de Lesseps und seinen Männern, die mit dem verlustreichen und gescheiterten ersten Kanalbauversuch den Weg für das gigantische Projekt vorbereitet hatten.

Casco Viejo
© Heller Verlag

Bahia de Panama

Pazifischer Ozean

N

0   100 m

Hotels

2 Luna's Castle
3 Hotel Colombia
6 Magnolia Inn

Restaurants

3 Restaurante Casablanca
12 Diablicos Bar & Restaurante
14 Super Gourmet
15 El Baron Rojo
17 Diabolo Rosso (Café & Kunstgalerie)

Sonstiges

1 Palacio Presidencial
2 Ministerio de Relaciones Exteriores
4 Iglesia San Francisco de Asis
5 Iglesia La Merced
7 La Catedral
8 Teatro Nacional
9 Ministerio de Gobierno
10 Palacio Municipal
11 Museo del Canal Interoceánico
13 Policia de Turismo
16 Iglesia San José
18 Instituto Nacional de Cultura

Der Avenida A landeinwärts folgend, gelangen Sie zur *Iglesia San José* (16). Der Goldaltar stammt noch aus der ursprünglichen Siedlung und heutigen Ruinenstadt Panama Viejo (→ S. 76). Der Legende nach hatte der damalige Pfarrer den Altar mit schwarzer Farbe getarnt. Das prunkvolle Stück blieb so von den Plünderungen und Verwüstungen des Piraten *Henry Morgan* verschont und bis heute erhalten.

Der zentrale Platz der Altstadt ist die *Plaza de la Independencia*, ein beliebter Treffpunkt für Jung und Alt, aber auch für Kundgebungen und Demonstrationen. Eindrucksvoll ist hier die Kathedrale *La Catedral* (7) mit dem barocken Kirchenschiff und den beiden dreistöckigen Glockentürmen, die 1796 nach 108-jähriger Bauzeit fertiggestellt wurde.

Das nahe gelegene *Museo del Canal Interoceánico* (11) beherbergte einst den großen Baumeister Ferdinand de Lesseps und beeindruckt durch seine großzügig angelegten Säle und eine interessante Ausstellung zur Geschichte des Kanalbaus.

Schenken Sie Ihre Aufmerksamkeit den wunderbaren Fassaden, den schmiedeeisernen Balkonen und dem Kopfsteinpflaster, in dem eingelassene Schienenfragmente daran erinnern, dass hier noch bis 1941 eine Straßenbahn verkehrte.

Calzada de Amador

Wohin mit dem ganzen Schotter?«, fragten sich die nordamerikanischen Bauherren des zweiten Kanalbauprojekts und kamen schnell auf die geniale Idee, mit gut 18 Millionen Kubikmetern Gestein einen rund 4 km langen Damm anzulegen, der die Halbinsel *Amador* mit den vier vorgelagerten Inselchen *Naos, Culebra, Perico* und *Flamenco* verband. Damit wurden zwei Ziele verfolgt: Der 1913 fertiggestellte Damm diente als Wellenbrecher an der Ostseite des Pazifikeingangs zum Panamakanal. Die Inselgruppe wurde als US-Militärstützpunkt ausgebaut, um die Kanalzufahrt zu bewachen.

Heute ist der **Calzada de Amador** ein beliebtes Naherholungsgebiet für Einheimische und Touristen. Vor allem in den Morgenstunden und in der Abenddämmerung tummeln sich auf dem befestigten Geh- und Fahrradweg zwischen der Straße und dem palmenumsäumten Ufer Jogger, Spaziergänger, Hunde mit Frauchen oder Herrchen, Rad- und

Goldaltar der Iglesia San José

Sonnenuntergang am Calzada de Amador

Rikschafahrer und genießen während ihrer körperlichen Aktivitäten den Ausblick auf die *Skyline* auf der einen Seite und auf die Kanaleinfahrt mit der *Puente de las Américas* auf der anderen Seite. Erleben Sie hier die ganz besondere Stimmung während des Sonnenuntergangs!

Auf der **Halbinsel Amador** liegt am Fuße der *Puente de las Américas* das Traditionshotel *Country Inn & Suites by Carlson* (→ Hotels, S. 90) mit angeschlossenem *Friday's Restaurant* und nahe gelegenem *Bootssteg* mit gutem Blick auf die Brücke. An der Südspitze des Amador, kurz vor Beginn des Damms, sticht das futuristisch anmuten-

de *Museo de la Biodiversidad* (→ Museen, S. 92) ins Auge.

Auf der **Isla Naos** liegt ein Marinelaboratorium, das nur Wissenschaftlern zugänglich ist, aber wenige Meter weiter südlich, auf der **Isla Culebra**, können Sie das durchaus sehenswerte Freilichtmuseum *Centro de Exibiciones Marinas* besuchen. Hier erwartet Sie in mehreren Aquarien Meeresgetier vom Seestern bis zum Haifisch. Die Grünflächen auf Naos und Culebra beherbergen Leguane, Faultiere und eine Vielzahl von Tropenvögeln.

Die **Isla Flamenco**, die südlichste der Inselgruppe, beherbergt eine stattliche Marina, Shops, Cafés und Eiscremeläden sowie eine ganze Reihe guter Restaurants. Am besten hat es uns immer bei *Leños & Carbon* (Tel.: 314-1988 und 314-1650) geschmeckt. Hier bekommen Sie zu erschwinglichen Preisen von 12–23 Uhr leckere Fisch- und Fleischgerichte, Salate und Säfte.

Die anderen, unten beschriebenen Sehenswürdigkeiten können Sie entsprechend der Dauer Ihres Stadtaufenthalts auf weitere Tage verteilen.

Der Stadtpark

Der **Parque Natural Metropolitano** ist Stadtpark, Urwald und Naturlehrpfad zugleich, aber auch ein Hügel, dessen Rundblick von der etwa 150 m hoch gelegenen Aussichtsplattform durchaus mit der Aussicht vom *Cerro Ancón* (199 m, s.o.) konkurrieren kann. Faultiere, Gürteltiere, Affen, Nasenbären, zahlreiche Schmetterlings- und Vogelarten, Schildkröten und Leguane sind hier beheimatet. Wie in jedem Urwald gibt es auch giftige und ungiftige Schlangen, die allerdings eher scheu sind und das Weite suchen, wenn Sie nicht gerade auf sie treten. Farne, Bromelien und farbenfrohe Orchideen zwischen den Ur-

waldriesen erfreuen das Herz des Naturliebhabers.

Die *Vía Juan Pablo II* durchschneidet den Park. Der südlich dieser Straße gelegene Teil ist relativ flach und beherbergt den noblen **Reitclub** der Stadt. Nördlich der Straße finden Sie das Besucherzentrum, den Parkaufseher und mehrere Informationstafeln an den Eingängen.

Der Park ist täglich von 6–17 Uhr geöffnet und kostet 5 Bs/US$ Eintritt. Sie sollten für Ihre

Wanderung drei bis vier Stunden Zeit einplanen, festes Schuhwerk, Kamera, Fernglas, Wasser und etwas Proviant mitnehmen (Rastplätze vorhanden), möglichst nicht alleine gehen und die *Senderos* (Wanderwege) nicht verlassen. Vergessen Sie nicht, dass der *Parque Natural Metropolitano* kein Zoo, sondern ein echtes kleines Stück Urwald ist!

Zentrum El Cangrejo & Bella Vista

Die Stadtviertel *El Cangrejo* und *Bella Vista* bilden das Herz der Stadt. Hier pulsiert das Leben bei Tag und bei Nacht. Um die Einkaufsmeile *Avenida Central España* (auch *Vía España* oder *Vía Central* genannt), die *Vía Veneto* und die davon abzweigende *Calle D* finden Sie landesweit die höchste Konzentration an Hotels, Restaurants und Casinos.

Durchaus sehenswert und immer ein guter Orientierungspunkt ist die erst 1947 im neugotischen Stil erbaute, weiß getünchte **Iglesia del Carmen** an der Ecke *Avenida Central España* und *Avenida Manuel Espinosa Batista*. Im Inneren beeindrucken schöne Wandgemälde und der byzantinische Altar.

In der *Calle Uruguay* (identisch mit *Calle 48 Este*) gibt es neben zahlreichen Restaurants die meisten **Diskotheken**, was allabendlich zu einem Verkehrskollaps führt. So richtig los geht es hier erst nach 22 Uhr.

Hotels in Panama-Stadt

Panama-Stadt hat rund 90 Hotels, dazu viele Apartments, Privatunterkünfte und einige Hostels. Viele davon haben wir uns persönlich angesehen, und wir präsentieren Ihnen nachfolgend eine kleine Auswahl in verschiedenen Preisklassen.

Vorab jedoch ein **Tipp**: Wer im Internet über das Hotelbewertungsportal *www.tripadvisor.de* und die angeschlossenen Anbieter bucht, zahlt oft weniger als bei Direktbuchung vor Ort!

Trump Ocean Club International Hotel, Calle Punta, Tel.: 215-8800, Fax: 215-8801, *www.trumphotelcollection.com/panama, panama@trumphotels.com,* Luxushotel mit allen erdenklichen Annehmlichkeiten inklusive Dachpool, Privatstrand, Yachtclub, Casino und mehreren Gourmetrestaurants.
$ $ $ $ $

Veneto Wyndham Grand Hotel & Casino (10), Ave. Eusebio A. Morales y Vía Veneto, El Cangrejo, Tel.: 340-8888 und 340-8686, *www.venetopanama.com,* Dusche, WC, AC, TV, Kühlschrank, Safe, WiFi, zentral gelegenes Hotel mit großem Ca-

Schwimmen über den Dächern der Stadt

Hier ein Geheimtipp für alle, die in der Hitze der Stadt mal ein paar Runden schwimmen, einen leckeren Cappuccino, ein Bierchen, einen Snack genießen oder einfach nur mal etwas chillen wollen: Gehen Sie im **Veneto Wyndham Grand Hotel & Casino** vom Haupteingang in der *Vía Veneto* schnurstracks zu den Aufzügen, ab in den siebten Stock (Social Area), dann rechts bis zum Ende. Hier erwartet Sie ein Internetraum (Business Center), ein Fitnessstudio (Gym), die Veneto Pool Bar und last, but not least ein ansehnlicher Swimmingpool mit einem wunderbaren Ausblick über die Skyline der Stadt. Die Toiletten neben dem Pool dienen zum Umkleiden. Weitere (meist sauberere) Toiletten gibt's schräg gegenüber den Aufzügen.

Pool und Pool-Bar haben von 7 bis 21 Uhr geöffnet. Das Bier kostet 1,95 Bs. Besonders zu empfehlen sind die *Spicy Buffalo Wings* für 7 Bs. und das *Veneto Club Sandwich* für 8 Bs.

Übrigens: Keiner wird Sie fragen, ob Sie Hotelgast sind oder etwas verzehren wollen! Badesachen & Sonnencreme nicht vergessen!

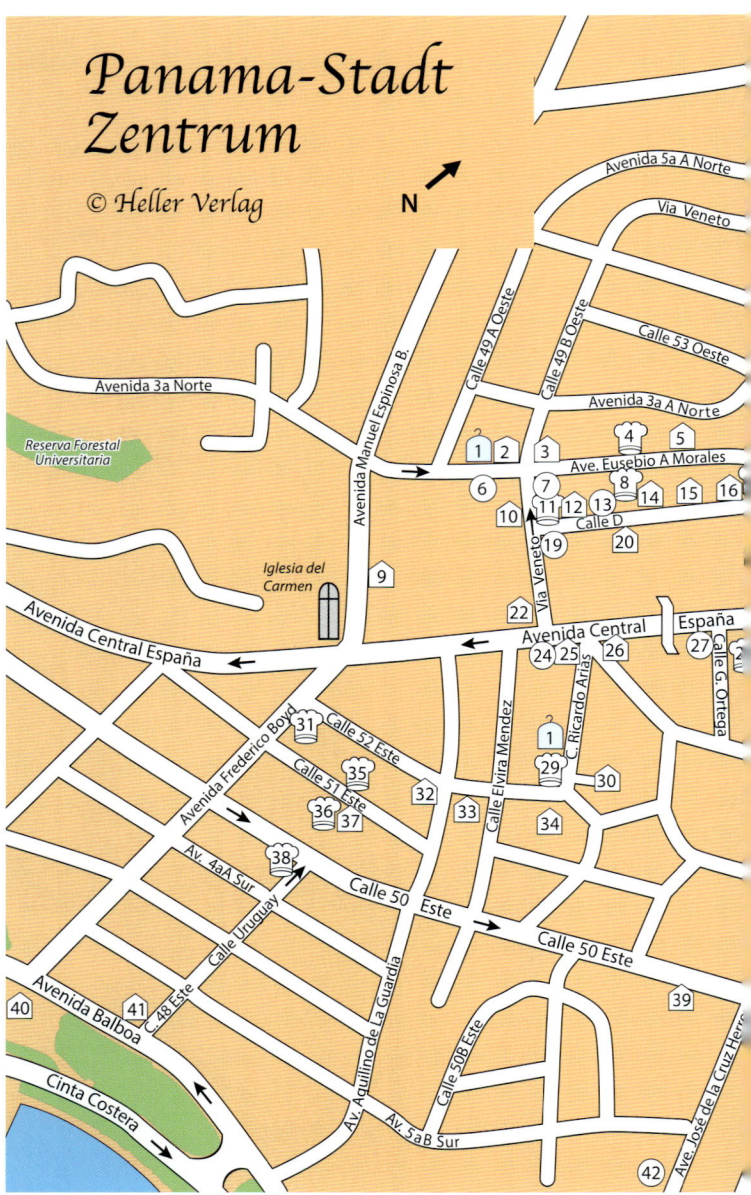

Panama-Stadt Zentrum

© Heller Verlag

N

Avenida 5a A Norte

Via Veneto

Calle 49 A Oeste

Calle 49 B Oeste

Calle 53 Oeste

Avenida 3a Norte

Avenida Manuel Espinosa B.

Avenida 3a A Norte

Reserva Forestal
Universitaria

1 2   3

4   5

Ave. Eusebio A Morales

6   7   8

10 11 12 13   14 15 16

Calle D

19   20

Iglesia del
Carmen

9

22

Via Veneto

Avenida Central España

Avenida Central

España

24 25   26

27

1

29   30

31   Calle 52 Este

Avenida Frederico Boyd

Calle 51 Este

35

32

33   34

36 37

C. Ricardo Arias

Calle Elvira Mendez

Calle G. Ortega

Av. 4aA Sur

38

Calle 50 Este

Calle Uruguay

Calle 50 Este

Avenida Balboa

40   41   48 Este

Av. Aquilino de La Guardia

Calle 50B Este

Av. 5aB Sur

39

42

Ave. José de la Cruz Herr

Cinta Costera

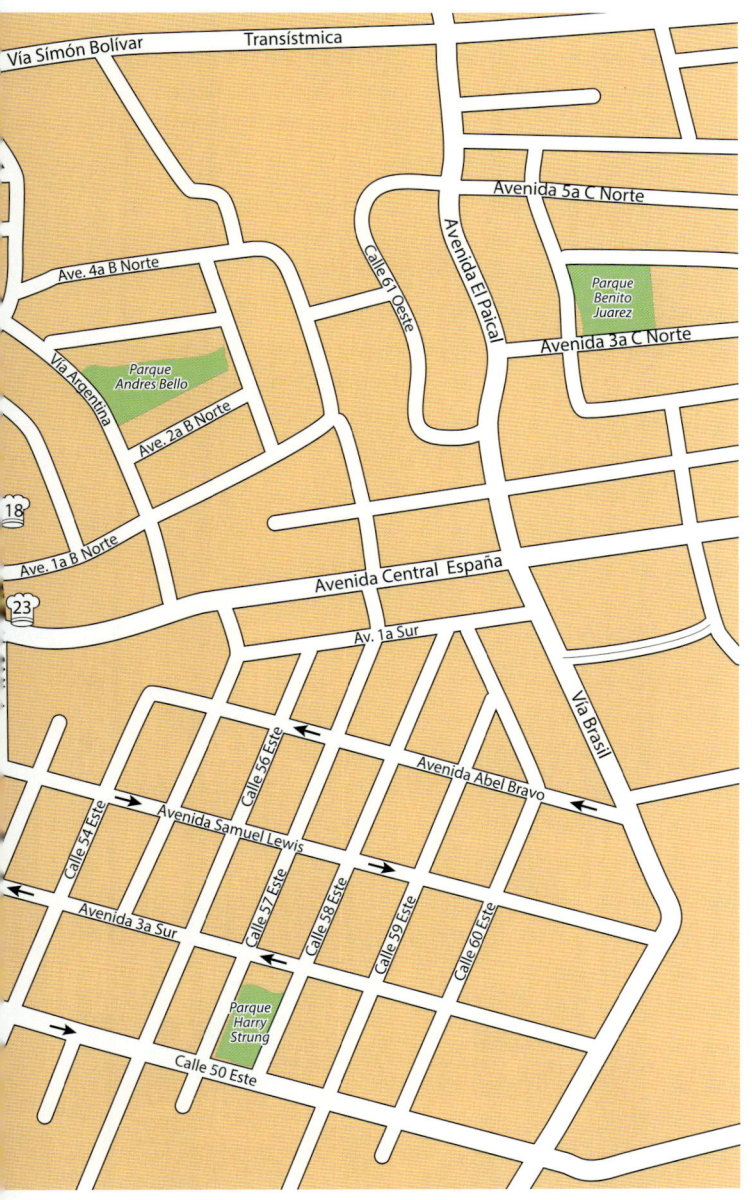

Legende zur Karte Seite 86/87

Hotels & Casinos

- 2 Torres de Alba Hotel & Suites
- 3 Las Vegas Hotel & Suites
- 5 Hotel Milan
- 6 Fiesta Casino
- 9 Crowne Plaza Hotel
- 10 Veneto Wyndham Hotel & Casino
- 12 Victoria Hotel & Suites
- 14 Aparthotel Coral Suites
- 15 Aparthotel Suites Ambassador
- 16 Hotel Toscana Inn

- 20 Metro Hotel Panama
- 21 Hotel Riande Granada
- 22 Hotel El Panama
- 25 Hotel Continental
- 26 Best Western Aparthotel
- 30 Hostel Paradise
- 32 The Executive
- 33 The Bristol
- 34 Panama Marriott Hotel
- 37 Tower House Suites
- 39 Hotel Riu
- 40 Intercontinental Miramar Panama
- 41 Hotel Le Meridien

Restaurants & Cafés

4 Chalet Suizo & Rincón Suizo
8 Istmo Brew Pub
11 Manolo's Cafe & Restaurant
17 Ginza Steak House
18 Matsuei Sushi & japanische
   Spezialitäten
23 Gelateria Antica
   (Eis & Säfte)
28 Niko's Café & Restaurant
   (24 Stunden)
29 Costa Azul Café &
   Restaurant
31 Smoke Shake Steaks,
   Bar, Bistro
35 Restaurante Sabor de la
   India
36 Rincón Alemán
38 Hooters

Sonstiges

1 Wäscherei
7 Internet
13 Reisebüro Viajes Anita
19 Reisebüro Viajes y Destinos
24 Copa Airlines
27 Supermercado El Rey
   (24 Stunden)
42 Deutsche Botschaft/
   World Trade Center

sino, Livemusik und -shows, mehreren Restaurants, hervorragendem Frühstücksbuffet und tollem Dachpool (→ Kasten S. 85). Wer Las Vegas liebt, wird auch das Veneto lieben! Nichts für Ruhesuchende und Familien mit Kindern. $ $ $ $ – $ $ $ $ $

Hotel El Panama (22), Vía España 111, El Cangrejo, Tel.: 215-9182, *www.elpanama.com,* Dusche, WC, AC, TV, Kühlschrank, Safe, WiFi, altes, zentral gelegenes Traditionshotel, 2012 renoviert, kinder- und familienfreundlich, gutes Restaurant und Frühstücksbuffet, schöne Poollandschaft, jedoch häufig im Schatten. $ $ $ $

Panama Marriott Hotel (34), Calle 52 y Ricardo Arias, Bella Vista, Tel.: 210-9100, *www.marriott.de,* luxuriöses 5-Sterne-Hotel im Bankenviertel, gutes Preis-Leistungs-Verhältnis. $ $ $ $

Toscana Inn (16), Calle D, El Cangrejo, Tel.: 265-0018 und 265-0019, *www.toscanainnhotel.com*, 92 geräumige Doppel- und Dreibettzimmer, Dusche, WC, AC, TV, Kühlschrank, Safe, WiFi, Wohlfühlambiente, zentral gelegen. $ $ $ $

Torres de Alba (2), Ave. Eusebio A. Morales, Tel.: 300-7130, El Cangrejo, *www.torresdealba.com.pa,* komfortables, zentral gelegenes Aparthotel für Geschäftsreisende, die länger als eine Woche in der Stadt bleiben. $ $ $ – $ $ $ $

Las Vegas Hotel & Suites (3), Ave. Eusebio A. Morales, El Cangrejo, Tel.: 300-2020, *www.lasvegaspanama.com,* Dusche, WC, AC, TV, Safe, WiFi, Küche, Mikrowelle, Kühlschrank, Studios und Suiten für 1–5 Personen, zentral gelegenes, preiswertes Aparthotel. $ $ $

Best Western Aparthotel (26), Ave. Ricardo Arias Ecke Vía España, Bella Vista, Tel.: 396-2777, *www.bestwesternaparthotelpanama.com,* schöne Apartments mit großen, bequemen Betten, WC, AC, TV, Safe, WiFi, gut ausgestatteter Küche, Herd, Kühlschrank, Essbereich. Gutes Preis-Leistungs-Verhältnis! $ $ $

Country Inn & Suites Panama Canal, Anfahrt über Ave. Amador/Ecke Calle van Hook, Amador, Tel.: 211-4500, *www.countryinns.de,* romantisches Mittelklassehotel direkt am Kanaleingang, nahe der Puente de las Américas, geräumige Zimmer, gutes Frühstücksbuffet, Pool, Zimmer mit Kanalblick gegen geringen Aufpreis. $ $ $

Mamallena Hostel, Casa 7-62, Calle Primera, Perejil, Tel.: 396-6611 und 6676-6163, *www. mamallena.com,* 12 Doppelbettzimmer und 3 Schlafräume, AC in allen Räumen, Hängematte, Münz-Waschmaschine, kostenlos sind PC mit Internet, WiFi, Tee, Kaffee, Pancakes und gute Stimmung! Taxifahrer finden's am schnellsten mit folgender Anweisung: *»Calle Primera, Perejil, en la misma casa de La Junta Comunal de Calidonia en Perejil de Colegio Javier.«* $ – $ $ – **Unser Tipp!**

Hostal Paradise (30), Calle Ricardo Arias, Frente al Restaurant Costa Azul, Bella Vista, Tel.: 264-0248, *hostalparadise@gmail.com*, sehr einfaches, aber zentral gelegenes Hostel. $ – $ $

Luna's Castle (2 im Plan von Casco Viejo, → S. 79), Calle 9 a Oeste, 3–28, Casco Viejo, Tel.: 262-1540, *www.lunascastlehostel. com,* direkt am Eingang der romantischen Altstadt gelegenes Hostel. $ – $ $ (Vorsicht bei nächtlichen Ausgängen → »Casco Viejo« S. 77, und »Sicher Reisen«, S. 63)

Restaurants

Allein in den zentralen Vierteln der Stadt finden sich über 100 Restaurants. Die Küche ist international und reicht von der bekannten Burger-Braterei mit dem großen M über chinesische, japanische, indische, kreolische, italienische bis hin zur deutschen Küche. Eine kleine Auswahl:

Manolo's Restaurante y Cafeteria, Vía Veneto Ecke Calle D, El Cangrejo, gegenüber dem Veneto Hotel & Casino, einheimisches Restaurant mit universeller Küche: Fisch, Fleisch, Pasta, Pizza, dazu Bier, Wein, Säfte, Kaffee, Nachspeisen. Einfach – preiswert – gut!

Istmo Brew Pub (8), Ave. Eusebio A. Morales, al lado de Sevilla's Suites, Tel.: 265-5077, geöffnet 16–2 Uhr morgens, kleine Gerichte, vor allem aber ein zünftiges Irish-Pub mit Billardtisch, Darts und zahlreichen Biersorten.

Matsuei (18), Ave. Eusebio A. Morales 12-A, El Cangrejo, Tel.: 264-9562, guter Japaner mit Sushi-Bar.

Restaurant Steinbock, Vía Cincuentario, Casa 50, Tel.: 270-

2784, *www.steinbockpanama. com,* geöffnet Di.–Fr. 17–24 Uhr, Sa. 12–24 Uhr. Wem mal nach Wiener Schnitzel, Bratwurst oder Sauerbraten gelüstet, der ist hier an der richtigen Adresse. Gute Küche!

Friday's, neben dem *Country Inn Panama Canal*, nahe der Puente de las Américas, Amador, Tel.: 211-4677, US-amerikanische Kette mit Salaten, Burgers, Steaks und Shrimps. Romantischer Ausblick auf die Kanalzufahrt.

Leños & Carbon, Isla Flamenco, am südlichen Ende des *Calzada de Amador,* Tel.: 314-1988 und 314-1650, Salate, Pasta, Fisch- und Fleischgerichte. Hervorragende Küche zu moderaten Preisen! Geöffnet 12–23 Uhr. Abends Reservierung empfohlen. – **Unser Tipp!**

Museen

Wirklich sehenswert sind das **Kanal-Museum** am Besucherzentrum der Miraflores-Schleusen (→ S. 72) und das **Museo de Sito de Panama la Vieja** (→ S. 76). Außerdem noch:

Mi Pueblito, heimatkundliches Freilichtmuseum am östlichen Fuße des *Cerro Ancón,* drei kleine, nachgebildete Dörfer repräsentieren die Kolonialzeit, afro-antillische Kultur und indigene Kulturen. Es gibt Kaffee, Souvirnläden und Restaurants. Gelegentlich treten am Wochenende Folkloregruppen auf. Geöffnet Di.–So. 9–18 Uhr.

Museo de Ciencias Naturales, Ave. Cuba Ecke Calle 30, Naturkundemuseum, gibt einen geologischen Überblick über das Land und zeigt einige ausgestopfte bzw. präparierte Vögel, Säugetiere, Reptilien, Fische, Käfer und Schmetterlinge. Geöffnet Di.–Sa. 9–16 Uhr.

Museo de la Biodiversidad, auch Biomuseo genannt, liegt unübersehbar am Beginn des Calzada Amador, *www.biomuseopanama.org* – »Ganz Panama ist ein Museum«, lautet die Devise dieses etwas abgehobenen Projekts, das u. a. durch die exzentrische Bauweise seines Architekten *Frank Gehry* hervorsticht.

Märkte und Shopping

Die Haupteinkaufsstraße ist die **Avenida Central España**, oft auch nur **Avenida Central** oder **Vía España** genannt. Hier reihen sich zahlreiche Hotels, Supermärkte, Souvenirläden und Restaurants aneinander. Im Gegensatz zum Warenangebot in den Malls finden Sie hier mehr einheimische Produkte und weniger Markenware.

Mercado de Mariscos (Fischmarkt, wörtl.: »Markt der Meeresfrüchte«), am westlichen Ende der Cinta Costera/Ave. Balboa, an der Einfahrt zum Casco Viejo, Di.–So. 7–17 Uhr (montags wegen Großreinigung geschlossen), fangfrische Meeresfrüchte und Meeresfisch zu günstigen Preisen: Scampi, Krebse, Langusten, Thunfisch, Umberfische (Corvina), Schwertfisch bis hin zum eher seltenen Papageifisch.

Tipp: Immer gleich vor Ort ausnehmen bzw. putzen lassen!

Mercado del Municipio (Gemeindemarkt), gleich hinter dem Fischmarkt, Mo.–Sa. 6–16 Uhr, So. bis 15 Uhr, frisches, einheimisches Obst und Gemüse wie Ananas, Orangen, Melonen,

Mangos, Papayas, Bananen, Kürbis, Maniok, Palmblätter, Palmherzen und vieles mehr. Auf dem Gelände bieten mehrere kleine Läden u. a. auch Haushaltswaren, Hängematten, Gummistiefel und Campingausrüstung an. Im Restaurantbereich verlocken preiswerte, landestypische Fisch- und Fleischgerichte zu einer Kostprobe (→ dazu Kapitel Gesundheitsvorsorge, S. 57).

Albrook Mall, an der Ostseite des Stadtflughafens Marcos A. Gelabert, *www.albrookmall. com*, größte Mall der Stadt mit preisgünstiger Markenware aus aller Welt, Elektroartikeln, Optikerladen, Cinemark-Kino, Restaurantecke. An der Ostseite der Mall liegt der Busbahnhof **Gran Terminal Nacional de Transporte**, *www.grantnt. com*.

Multicentro Mall, in der Ostkurve der Cinta Costera/Ave. Balboa im Stadtteil Punta Paitilla, *www.multicentropanama. com.pa*, Markenkleidung, Markenschuhe, Elektroartikel, Supermarkt, Apotheke, Cinemark-Kino, Majestic-Casino, diverse Restaurants. An der Nordseite der Mall liegt das **Hard Rock Café** Panama City.

Multiplaza Mall, Via Israel, ca. 2 km nordöstlich der Multicentro Mall, im Stadtteil Punta Pacifico, *www.multiplaza.com*, rund 250 Läden auf drei Stockwerken, zahlreiche Nobelmarken, mehrere Kinos und rund 40 Restaurants und Cafés.

Der Schneider von Panama, namensgebend für den gleichnamigen Spionagethriller von John le Carré, verfilmt mit Pierce Brosnan, existiert wirklich. Der Laden heißt **La Fortu-**

na und wird heute von Adán Abadi, dem Enkel des Firmengründers, geführt. Hier können Sie in wenigen Tagen perfekte Maßanzüge aus feinem Tuch für runde 300–500 Bs/US$ schneidern lassen.

Vía España, Edificio Orion, Ecke Calle 55 Este, nahe Vía Argentina. Tel.: 263-6487 und 263-6434, *www.lafortunapanama.com*, geöffnet Mo.–Fr. 9–18 Uhr, Sa. nur bis 14 Uhr.

Nachtleben, Discos & Casinos

Das Nachtleben spielt sich vor allem um die *Vía Veneto,* die angrenzende *Avenida Central España,* die *Avenida Eusebio A. Morales* und die *Calle Urugay* ab.

Die größten **Casinos** sind hier das **Fiesta** (6) in der Ave. Eusebio Morales, das **Veneto** (10) in der Vía Veneto und das **Casino Riande Continental** (25) in der Avenida Central España. Hier wollen Tausende von Spielautomaten gut gefüttert werden, und zahlreiche bildhübsche Damen (Hausfrauen, Studentinnen, Prostituierte) warten ebenso auf ihr Glück wie Touristen und Gambler aus aller Welt.

Rund 2 km südlich des Casinoviertels lockt in der *Calle Uruguay* (auch *Calle 48 Este* genannt) zu später Stunde eine **Disco** neben der anderen vor allem junges Publikum an.

Ausflüge ab Panama-Stadt

Eisenbahnfahrt nach Colón

Das frühe Aufstehen lohnt, auch wenn man schwer aus den Federn kommt und kein ausgesprochener Eisenbahnfreak ist. Ab 6:45 Uhr gibt's das One-way-Ticket von Panama-Stadt nach Colón an der Corozal Passenger Station an der Avenida Omar Torrijos, wenige Kilometer südlich der Miraflores-Schleusen.

Die schwere EMD-SD 60-Diesellok startet pünktlich um 7:15 Uhr. Sie reisen bequem in einem historischen Luxuszug mit liebevoll restaurierten Waggons. Genießen Sie den Panora-

Diesellok der Panama Canal Railway Company

mablick bei der einstündigen Fahrt durch den tropischen Urwald, dessen sattes Grün sich in den Morgenstunden oft mit grauem Nebel, hellen Sonnenstrahlen und den schillernden Farben des Regenbogens mischt. Immer wieder öffnet sich der dichte Vorhang und gibt den Blick frei auf die Schleusen beidseits des Miraflores-Sees, den Panamakanal, den Río Chagres, den Gatún-See, und ab und zu sehen Sie einen der riesigen Dampfer, die wie im Zeitlupentempo die Kanalfahrrinne passieren. Zwischendurch gibt es für ein paar Dollar Snacks und heißen Kaffee. Es lohnt auch, mal durch die anderen Waggons zu laufen, die teilweise unterschiedlich ausgestattet sind. Am hinteren Ende der meisten Waggons gibt es eine kleine Plattform, ideal für Fotografen und alle, die sich eine Brise Urwald, Nostalgie und Abenteuer um die Nase wehen lassen wollen.

8:15 Uhr Ankunft in Colón. Was nun? Der einzige Passagierzug in die Gegenrichtung fährt erst um 17:15 Uhr. **Colón** ist,

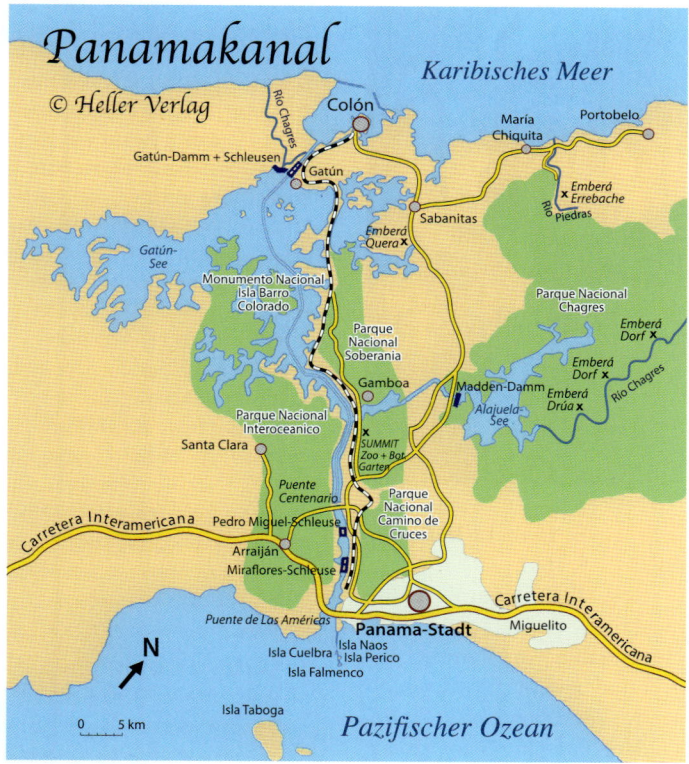

Panamakanal

© Heller Verlag

Karibisches Meer

Río Chagres

Colón

María Chiquita

Portobelo

Gatún-Damm + Schleusen

Gatún

Emberá Errebache

Río Piedras

Sabanitas

Emberá Quera

Gatún-See

Monumento Nacional Isla Barro Colorado

Parque Nacional Chagres

Emberá Dorf

Parque Nacional Soberania

Gamboa

Madden-Damm

Emberá Dorf

Emberá Drúa

Río Chagres

Alajuela-See

Parque Nacional Interoceanico

Santa Clara

SUMMIT Zoo + Bot. Garten

Puente Centenario

Parque Nacional Camino de Cruces

Carretera Interamericana

Pedro Miguel-Schleuse

Arraiján

Miraflores-Schleuse

Puente de Las Américas

Panama-Stadt

Miguelito

Carretera Interamericana

Isla Cuelbra

Isla Naos

Isla Perico

Isla Falmenco

N

Isla Taboga

0   5 km

Pazifischer Ozean

last, but not least wegen sozialer Probleme, die gefährlichste Stadt des Landes. Bahnhof und Busbahnhof gelten als relativ sicher. Eine Option ist, mit dem nächsten **Bus** nach Panama-Stadt zurückzufahren. Eine andere das **Shopping in der Freihandelszone**. Allerdings gilt bei der Schnäppchenjagd zu bedenken, dass Sie die Ware nicht direkt mitnehmen können, sondern diese zu Ihrem Abflug-

terminal geschickt wird. Eine Menge Formalitäten, zusätzliche Luftfrachtgebühren und der Umstand, dass Waren über 450 EUR Wert ohnehin bei der Einreise in Europa deklariert und zuzüglich Mehrwertsteuer nachverzollt werden müssen, machen das Tax-free-Shopping für Europäer eher unattraktiv.

Colón ist auch ein guter Ausgangspunkt für einen Besuch der Forts in **Portobelo** (→ S. 100)

oder eines **Emberá-Indianer-dorfs** (→ S. 105).

Selbst Taxis sind in Colón nicht sicher und fahren Sie nicht immer dahin, wo Sie wollen. Beliebt und bewährt ist jedoch folgende Verfahrensweise, insbesondere für kleine Gruppen, die sich den Fahrpreis teilen können: Man bestellt ein paar Tage im Voraus **in Panama-Stadt ein Taxi** (→ S. 54) für den Reisetag um 6 Uhr morgens ans Hotel und lässt sich zum Passagierbahnhof chauffieren. Während man selbst die Fahrt im Luxuszug mit Panoramablick genießt, fährt das Taxi parallel zur Bahnstation nach Colón und holt einen dort ab. Nun können Sie frei wählen, ob Sie auf Ihrer Rückfahrt noch einen Abstecher

Die Panama Railroad Company

Es war eine Weltsensation, als am 28. Januar 1855 nach fünfjähriger Bauzeit und dem Verlust von über 10000 Menschenleben der erste Zug von Aspinwall (heute Colón) nach Panama-Stadt rollte. Zu einer Zeit, als der Goldrausch in Kalifornien seinen Höhepunkt erreichte und es weder eine Bahnverbindung durch den nordamerikanischen Kontinent noch Autos gab, war die schnellste, sicherste und komfortabelste Verbindung zwischen San Francisco und New York die Schiffspassage nach Panama-Stadt, die Bahnfahrt nach Aspinwall und eine weitere Schiffspassage an die Ostküstenmetropole. Erst 59 Jahre später passierte das erste Schiff den Panamakanal. Noch ein paar interessante Fakten:

▶ Der Eisenbahnbau führte zur Gründung der Stadt Aspinwall, benannt nach der treibenden Kraft beim Eisenbahnbau und dem Chef der Panama Railroad Company *William Henry Aspinwall*. Erst 1890 wurde die Stadt von der spanisch sprechenden Bevölkerung zu Ehren von Christoph Kolumbus in Colón umbenannt.

▶ Für den Schienenstrang mussten über 300 Brücken und Wasserunterführungsgräben angelegt werden.

▶ Ohne die Eisenbahnlinie hätte der Panamakanal nicht gebaut werden können.

- Die Panama Railroad war bezogen auf ihre Länge von 76,6 km (47,6 Meilen) die teuerste je gebaute Bahnlinie.
- Die Aktie der Panama Railroad Company war mit US$ 295 zu ihrer Zeit die teuerste an der New York Stock Exchange gehandelte Aktie.

Aktie der ehemaligen *Panama Railroad Company* aus dem Jahre 1881

- 1913 transportierte die Panama Railroad Company rund drei Millionen Passagiere und zwei Millionen Tonnen Fracht.

Nach dem Ausbau der transkontinentalen Eisenbahn in den USA und der Eröffnung des Panamakanals im Jahre 1914 verlor die Panama Railroad rapide an Bedeutung und wurde wegen mangelnder Rentabilität und schlechten Managements schon bald eingestellt.
1998 begann die neu gegründete **Panama Canal Railway Company (PCRC)** mit internationalen Geldern und im Verbund mit Kansas City

Southern Industries Inc. (Kansas, USA) und Mi-Jack Products Inc. (Chicago, USA) den Neuaufbau der Bahnlinie.
2001 rollten wieder die ersten Waggons zwischen Colón und Panama-Stadt. Die Linie wird vorwiegend für eilige Container-transporte genutzt. Von **Montag bis Freitag** gibt es jedoch je eine Passagierverbindung von Panama-Stadt nach Colón und zurück in komfortablen, histori-schen Waggons.

Abfahrt von Panama-Stadt (Corozal Passenger Station) nach Colón (Mount Hope Station) 7:15 Uhr
Abfahrt von Colón (Mount Hope Station) nach Panama-Stadt (Corozal Passenger Station) 17:15 Uhr
Fahrdauer: ca. 1 Std., non-stop
Kosten je Fahrstrecke: Erwachsene 25 Bs/US$, Kinder bis 12 Jahre 15 Bs/US$ Fahrkarten nur am Schalter 30 Minuten vor Abfahrt
Website: *www.panarail.com*

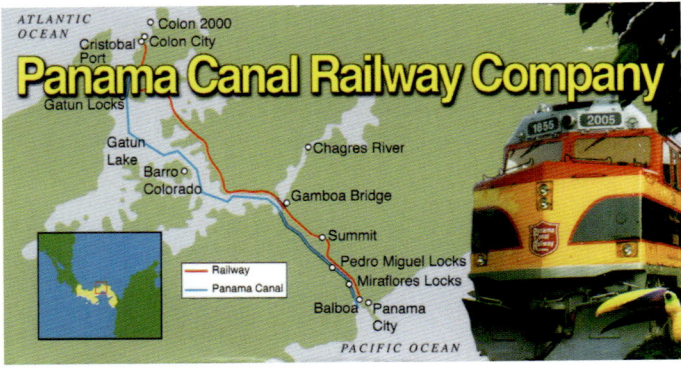

nach **Portobelo** machen oder lieber ein **Indianerdorf** oder die **Affeninsel** im Luxusresort **Gamboa** besuchen wollen. Auch der **Summit Park** (Botanischer Garten & Zoo) liegt auf dem Rückweg nach Panama-Stadt. Sie sollten mit dem Taxifahrer oder der Taxifahrerin Ihres Vertrauens eine faire Tagespauschale aushandeln und bereits bei der Buchung einige Tage im Voraus sagen, was Sie vorhaben, da viele touristische Attraktionen (Affeninsel, Emberá-Dorf) vorgebucht werden müssen und auch kostenpflichtig sind.

Portobelo

Die Bucht, an der die Stadt heute liegt, wurde schon 1502 von Christoph Kolumbus als *Puerto Bello* (zu Deutsch: schöner Hafen) beschrieben. **Portobelo** wurde jedoch erst 1597 gegründet und ersetzte kurz darauf die 30 km östlich ungünstig in einem Sumpfgebiet gelegene Stadt **Nombre de**

Portobelo: Castillo San Jerónimo
(links und oben)

Kolonialzeit macht seinem Namen alle Ehre. Die malerische Bucht, gebettet in eine grüne, hügelige Landschaft ist eine wahre Augenweide!

Von hier aus verschifften die Spanier alle Güter der Neuen Welt, wie Gold, Silber und Perlen, in ihre Heimat. Um die Hafenstadt zu schützen, errichteten sie imposante Festungsanlagen. Am besten erhalten sind gleich am Ortseingang die *Fortaleza Santiago* und im Ort selbst das *Castillo San Jerónimo*. Die *Fortaleza Santiago* wurde 1620 errichtet und über 100 Jahre später weitgehend zerstört. Die jetzt noch sichtbaren Überreste wurden erst im 18. Jahrhundert erbaut und sind etwas kleiner als die ursprüngliche Version. Es ist heute nur

Dios als wichtigste Hafenstadt an der Karibikseite. Das rund 100 km von Panama-Stadt und etwa 45 km nordöstlich von Colón an der *Costa Arriba de Colón* gelegene Relikt aus der

Von der Fortaleza Santiago aus hat man einen hervorragenden Ausblick auf die malerische Bucht.

schwer vorstellbar, dass die Stadt einmal einer der größten spanischen Häfen in der Neuen Welt war!

An der Südseite des *Castillo San Jerónimo* liegt das Kontorhaus *Real Aduana*, das Handelshaus, Depot und Unterkunft für Beamte war. Heute beherbergt es ein kleines Museum, in dem ein englischsprachiger Videofilm die Geschichte der Stadt erzählt.

Durch den Bau der Eisenbahn und des Kanals im 19. Jahrhundert wurde **Portobelo** seiner Existenzgrundlage als Handelszentrum beraubt und dümpelt heute als kleiner Fischerort mit ein paar Tauchzentren und ein wenig Landwirtschaft vor sich hin. Obgleich die Karibik lohnendere Ziele bietet, halten sich einige »Dive Spots« und locken u. a. mit einem versunkenen Kleinflugzeug und einem alten Frachtschiff auf dem Meeresgrund als Attraktion für Tauchgänge.

Am *21. Oktober* jeden Jahres lebt der Ort so richtig auf: Da wird das *Festival del Cristo Negro* gefeiert, des Schwarzen Christus von Portobelo. Seine Holzstatue steht in der *Iglesia de San Felipe* und wird dort besonders an diesem Tag verehrt. Das bedeutet eine Unmenge Pilger, die in die Stadt

Cristo Negro

kommen und Buße tun. Sie bekleiden sich mit einem roten Samtumhang, gehen oft barfuß und tragen die Statue ihres *Cristo Negro* durch die Stadt. Es endet damit, dass die Figur um Mitternacht wieder ihren Platz in der Kirche findet, die Pilger ihre Umhänge abwerfen und die Fiesta beginnt! Dann wird die ganze Nacht getanzt, getrunken und gelacht! Der Legende nach wurde während einer Choleraepidemie eine Kiste an der Bucht von Portobelo angeschwemmt. Fischer fanden darin einen schwarzen Christus aus Holz, und als sie die Figur in der Kirche aufstellten, war die Epidemie plötzlich zu Ende!

Besuch bei den Emberá-Indios

Ein Besuch bei den Emberás (→ S. 37) ist ein absolutes Highlight und sollte weit oben auf Ihrer To-do-Liste stehen! Die Dörfer der Indios liegen stets an Flussläufen und sind auf dem Landweg nicht erreichbar. Das hat gute Gründe: In der Abgeschiedenheit des Urwalds können die Indios ihre Lebensweise und Traditionen weitgehend ungestört pflegen. Der Fluss dient als Transportweg sowie als Wasser- und Nahrungsquelle. Die für Touristen offenen Indiogemeinschaften haben Außenposten eingerichtet, wo Sie sich telefonisch anmelden und einen Dorfbesuch vereinbaren können. Die Kosten dafür, inklusive Bootsabholung vom Außenposten, liegen zwischen 40 und 120 Bs/US$ pro Person, je nachdem, welches Dorf Sie besuchen und wie groß Ihre Gruppe ist.

Schon alleine die Fahrt im Einbaum durch die Stromschnellen des Río Chagres oder des Río Piedra ist ein Erlebnis! Der Außenborder und die von der Regierung für Touristen vorgeschriebenen, orange leuchtenden Schwimmwesten (werden ge-

stellt) sollten Sie nicht stören. Bei Hochwasser kann das Boot schon mal etwas schaukeln, bei Niedrigwasser müssen Passagiere gelegentlich aussteigen und den Einbaum über ein kleines Flussbett tragen oder schieben. Da ist es gut, wenn das feste Schuhwerk auch nass werden darf. Mit etwas Glück sehen Sie Affen, Schildkröten, Krokodile, Faultiere, Riesenschmetterlinge und bunte Vögel oder zumindest einige dieser exotischen Urwaldtiere. Keine Sorge: Das Risiko von einem Krokodil verspeist oder von einer Giftschlange gebissen zu werden, ist geringer, als zu Hause beim Überqueren einer grünen Ampel überfahren zu werden. Dennoch gilt: Vorsicht! Halten Sie sich an Ihren Indio-Guide, der seit Geburt im Einklang mit der Natur lebt und die Schönheit des Urwalds ebenso kennt wie seine Gefahren.

In der strohbedeckten Gemeinschaftshütte des Dorfes – meist der einzigen, die nicht auf Stelzen steht – begrüßt Sie der Häuptling oder ein Abgeordneter, der eine westliche Sprache spricht, und erzählt etwas über die Kultur und die Lebensgewohnheiten seines Stammes. Die Ankunft der Weißen spricht sich schnell herum, und flugs versammeln sich Jung und Alt zu den Begrüßungsriten: Eine

Männer-Combo im Lendenschurz präsentiert rhythmische, indianische Musik auf selbst gemachten Holzflöten und Trommeln, der Rest der Dorfgemeinschaft tanzt dazu. Oft werden Sie zum Mittanzen aufgefordert.

Am Fluss können Sie zusehen, wie Emberá-Männer geschickt mit Speer oder Pfeil und Bogen Fische erlegen, die die Frauen dann lecker marinieren und am Holzkohlegrill für Sie braten. Serviert wird das gesunde und eiweißreiche Mahl mit Kochbananen in einem Bananenblatt.

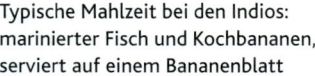

Typische Mahlzeit bei den Indios: marinierter Fisch und Kochbananen, serviert auf einem Bananenblatt

Wer mehr über die Emberás, ihre Philosophie, Tradition und Medizin erfahren will und bereit ist, sein Leben auf rudimentäre Bedürfnisse (ohne Handy, Internet, TV, Strom und Warmwasser) zu reduzieren, kann nach Absprache für wenig Geld ein paar Tage in einem Dorf wohnen. Dann sollten Sie unbedingt helle, körperbedeckende Kleidung, Insektenabwehrmittel und Moskitonetz dabei haben! Natürlich sind Sie mit Ihrer Gruppe nicht die ersten Weißen

Daran sollten Sie denken:

- ▶ Kopfbedeckung (Sonnenhut, Tuch, Baseballkappe)
- ▶ Sonnencreme mit hohem Lichtschutzfaktor
- ▶ Badehose/Badeanzug, Handtuch
- ▶ Kamera(s), Ersatzakku(s), Plastikbeutel zum Schutz vor Wasser
- ▶ Regencape
- ▶ Ausreichend Trinkwasser
- ▶ Feste Schuhe, die auch mal nass werden dürfen
- ▶ Nicht verrottbaren Müll (Plastikflaschen, Coladosen) wieder mitnehmen

Bloß nie:

- ▶ Alkoholische Getränke konsumieren oder mitbringen
- ▶ Rauchen in Strohhütten oder an trockenen Stellen

unter den Eingeborenen. Die meisten Emberá-Dörfer sind auf den Besuch von Touristen eingestellt, und Sie sehen zuweilen – ganz unindianisch – auch mal ein paar Plastikschlappen, Coladosen, PVC-Regentonnen und Benzinfässer. In den Indiogemeinden wird immer wieder diskutiert, wie viel Tourismus man zulassen kann und möchte, ohne die traditionelle Lebensweise zu gefährden. Wegen des Verbots von Landwirtschaft in den Naturschutzgebieten sind der Tourismus und der Verkauf selbst gefertigter Kunstgegenstände (Korbwaren, Schnitzereien) eine wichtige Einnahmequelle für die Indios.

Sicher ist: Die Emberás tanzen und singen nicht nur für die Touristen. Sie sind ein offenes, fleißiges und lebensfrohes Volk, das gerne musiziert, Feste feiert und seine Traditionen wahrt.

Links & Kurzinfo:
Emberá Drúa, *www.trail2.com/ embera*, Tel.: 6709-1233 (Ivan) oder 333-2850, *emberachagres@ yahoo.com*, ca. 1,5 Fahrstunden nordöstlich von Panama-Stadt, am Río Chagres unweit des Alajuela-Sees.

Emberá Errebache, *www. errebache.com*, Tel.: 6442-6918 (Tulio Rosales), *tours@errebache.*

com, zwischen Sabanitas und Portobelo, nach dem Ort Maria Chiquita der Straße entlang des Flusses Piedra folgen.

Emberá Quera, *www.embera panama.com*, Tel.: 6703-9475 oder 6728-5987, *emberaquera@ yahoo.com*, ca. 1 Stunde nördlich von Panama-Stadt, auf dem Highway von der Hauptstadt nach Colón am Gatún-Fluss.

Emberá Puru, *www.emberatours panama.com*, Tel.: 65-197121 (tagsüber) oder 250-1165 (abends), *gcunampio@yahoo. com* – Der in Panama-Stadt lebende, gut englisch sprechende Emberá Garceth Cunampio Tocano holt Sie nach Vereinbarung in Ihrem Stadthotel ab, führt Sie zu einem Dorf am Río San Juan und vermittelt dabei viel Wissen über seinen Stamm.

Einige Emberá-Dörfer finden Sie auf unserer *Karte Panamakanal* → S. 97. Alle Dorfbesuche nur nach vorheriger Vereinbarung. Abholung im Einbaum vom Außenposten. Die meisten Dorfgemeinschaften können auch eine Abholung aus Panama-Stadt veranlassen. Wenn Sie die Emberás bequem mit dem Hubschrauber besuchen wollen, wenden Sie sich am besten an HELI ANCÓN oder HELIPAN

(→ S. 52), die das komplette Besuchsprogramm gerne für Sie organisieren.

Schifffahrt auf dem Kanal

Eine Schifffahrt durch den geschichtsträchtigen Kanal hat ihren besonderen Reiz:

Der Ausblick auf die tropische Flora an den Ufern, das Erlebnis des Absenkens bzw. Anhebens in einer Schleusenkammer, oft gemeinsam mit einem imposanten Ozeanriesen, macht die Schiffspassage zu einem unvergesslichen Highlight!

Wegen des hohen organisatorischen Aufwands werden komplette Kanaldurchfahrten (ca. 8–9 Stunden) nur einmal monatlich und Teildurchfahrten (ca. 4–5 Stunden) meist nur am Donnerstag, Freitag und Samstag angeboten.

Deutlich preiswerter und täglich möglich sind kleine Schnuppertouren durch die Bucht von Panama (ohne Kanaleinfahrt und Schleusen).

Schifffahrten im Kanal und in der Bucht finden Sie u. a. bei folgenden Anbietern: *www.canalandbaytours.com* und *www.pmatours.net/ pacific-queen*

Gamboa

Dort, wo die Wasserwege des Gatún-Sees, des Kanals und des Río Chagres zusammenlaufen, liegt mitten im tiefsten Urwald das Städtchen **Gamboa**. Ein Besuch der Luxus-Öko-Lodge **Gamboa Rainforest Resort** lohnt alleine schon wegen der architektonisch eindrucksvollen Anlage, auch wenn Sie dort nur Kaffee trinken.

Der angegliederte Veranstalter **Gamboa Tours Panama** bietet Ausflüge in den Regenwald an. Die vor Gamboa liegenden Inselchen sind von ausgesetzten Kapuzineräffchen bevölkert und wurden u. a. in einer Folge der TV-Serie »Traumschiff« als »**Affeninseln**« bekannt. Die Inseln dürfen heute aus Gründen der Kanalsicherheit nicht mehr betreten werden.

Website: *www.gamboaresort.com* und *www.gamboatours.com*

Vom Gamboa Rainforest Resort (oben) genießt man den Blick auf den Río Chagres (großes Bild), in dem sich auch Kaimane tummeln (rechts).

Summit Park – Botanischer Garten & Zoo

Panama-Stadt hat eigentlich keinen richtigen Zoo, sondern einen riesigen Botanischen Garten mit ein paar Tiergehegen in einem Sektor. Der *Summit Botanical Garden & Zoo*, knapp 30 Autominuten nördlich der Stadt, ist auf jeden Fall einen Besuch wert. Der Park wurde bereits 1923 in Form der *Summit Experimental Farm* gegründet und beherbergt mehrere tausend

Im Summit Park (unten) zeigt ein Display die Flügelspannweite des Nationalvogels Harpyie (ganz unten). Auch die Parkwächter (links unten) gehen mit der Zeit!

Der Cannonball-Baum mit seinen gefährlichen Früchten

Tropenpflanzen, darunter auch viele seltene und gefährdete Spezies. Schön angelegte Palmenalleen und Schatten spendende Baumriesen laden zum ausgedehnten Spaziergang ein. Vermeiden Sie, unter einem der riesigen *Cannonball-Bäume* zu rasten. Die schweren kanonenkugelförmigen Früchte *Bolas de cañon* fallen ohne Vorwarnung vom Baum und können zu Verletzungen führen. Das übel riechende Sekret der Früchte dient den Indios zur Moskitoabwehr und hat, ebenso wie der Saft der Blätter, antibiotische und antiseptische Wirkung.

In den oft zu kleinen Tiergehegen können Sie u. a. Nasenbären (*Coati* oder *Gato Solo*), Faultiere *(Perezoso)*, Ozelote *(Ocelote)* und Halsbandpekaris *(Pecari tajacu)* bestaunen. Letztere gehören zur Familie der Nabelschweine, gelten als besonders intelligent und werden gerne als Giftschlangenvertilger gehalten. In einem gut eingezäunten Bereich sonnen sich Kaimane und Alligatoren. Zwei jeweils recht großzügig angelegte Gehege beherbergen eine Jaguarfamilie und die Harpyie *(Águila Harpía, Harpy Eagle)*, den Nationalvogel Panamas, der es auf eine Flügelspannweite von bis zu 2 m bringt. Diesem wahrlich imposanten Vogel ist ein eigenes Auditorium mit Videoraum und Souvenirshop gewidmet.

Ein kleines Restaurant bietet Snacks und Erfrischungen an. Kinder können sich an einem großen Abenteuerspielplatz austoben.

Park-Öffnungszeit: 9–16 Uhr
Website: *www.parquesummit.org*
Parkeintritt: 1 Bs./US$ für Erwachsene und Jugendliche, Kinder bis 12 Jahren 0,25 Bs./US$

San-Blas-Inseln – Das Paradies der Gunas

Vor langer Zeit existierte ein riesiger Baum, der bis in den Himmel reichte. Zwischen seinen Ästen verbarg sich nur Gutes. Eines Tages kamen die Himmelsbewohner auf die Erde und fällten den riesigen Baum. Dabei fielen 365 Inseln in das Meer.« Für jeden Tag des Jahres gebe es eine Insel, sagt die Legende.

Jede dieser Inseln ist ein kleines Paradies, meist unbewohnt und keine 100 m im Durchmesser. Nur etwa 50 der Inseln sind ganzjährig bewohnt, und schon so mancher US-Investor hätte sich gerne eine dieser karibischen Trauminseln gekauft, aber das Land der semi-autonomen Gunas ist unverkäuflich – und das ist gut so.

Manche Reisebüros in Panama-Stadt bieten Tagestouren auf die San-Blas-Inseln auf dem Land- und Seeweg an, aber hier steht die mühsame An- und Abreise in keinem vernünftigen Verhältnis zur Aufenthaltsdauer. Zwei, drei oder vier Tage im Paradies sollten Sie sich schon gönnen: weißer Sandstrand, türkisblaues Meer, Schatten spendende Palmen, urige Bambushütten mit Dächern aus Palmblättern und Schilf. Fangfrisch zubereitete Meeresfrüchte, Bananen, Ananas und Kokosnüsse – das geben die Inseln her. Wasser zum Trinken und Waschen kommt aus der Regentonne.

Die Guna-Frauen tragen bunte Kopftücher, mit Molas (→ S. 36) besetzte Blusen und

Guna-Yala-Grenzposten (noch in alter Schreibweise) bei Llano Cartí

Wickelröcke und zu farbenfrohen Mustern aufgereihte Perlenschnüre an Händen und Füßen. Sie leben vorwiegend von der Herstellung und vom Verkauf der kunstvoll gearbeiteten Molas in jeglicher Verwendungsform, z. B. als Wandbilder, Kleidungsstücke, Umhängetaschen oder Topflappen.

Für ein paar Dollars schippern Sie die Einheimischen im Einbaum oder Motorboot übers offene Meer zu den Nachbar-inseln. Die Unterkünfte auf den touristisch zugänglichen Inseln sind in Ausstattung und Preis recht unterschiedlich. In der Regel bucht man Vollpension, da es auf den meisten Inseln weder Supermarkt noch Restaurant gibt.

Der kleine Ort **El Porvenir** (spanisch: *Die Zukunft*) auf der gleichnamigen Flughafeninsel ist Provinzhauptstadt der Comarca Guna Yala und ein idealer Ausgangspunkt für Aus-

San Blas
© Heller Verlag

Archipiélago de San Blas

San-Blas-Inseln – Das Paradies der Gunas

Touristenboot auf Franklin Island (Isla Tuba Senica)

flüge zu Nachbarinseln. Die Inseln **Wichub-Wala**, **Nalunega**, **Ukuptupu** und **Ogobsibudup** sind schnell per Einbaum oder Kleinboot erreichbar. In **El Porvenir** selbst gibt es neben dem Flughafen ein kleines Hotel, eine Polizeistation und ein Guna-Museum.

Ab **Cartí** (Festland) erreichen Sie in einer 20- bis 40-minütigen Bootstour die Inselchen **Cartí Suitupo**, **Pelicano**, **Perro**, **Diabolo**, **Robinson**, **Tuba Senica (Franklin)**, **Kuanidup** und **Ukuptupu**. Die *Hostels Mammallena* und *Luna Castle* in Panama-Stadt bzw. deren angeschlossene Reisebüros bieten preiswerte Tourenpakete zur **Isla Tuba Senica** an, die wegen des beliebten Inselchefs Mr.

Franklin auch »**Franklin Island**« genannt wird. Für Schnorchler und Taucher lohnt ein Besuch der »Hundeinsel« **Isla Perro**, vor deren weißem Sandstrand intakte Korallenriffe und ein versunkenes Schiff in geringer Tiefe zu umschwimmen sind.

Als Gast bei den eher reservierten Gunas können Sie mit ein paar Worten in der Stammessprache *dulegaya* punkten. »*Degide!*« heißt »Hallo!«, »*Nuedi!*« hat gleich drei Bedeutungen: »guten Morgen«, »danke« und »gut«, und zum Abschied sagt man: »*Takei Malo!*« Als Kuriosum fiel uns auf, dass es bei den Gunas für »Arbeit« nur ein Wort gibt, nämlich »*Arbeit*« (genau wie im Deutschen). Wir können

Sonnenuntergang auf Wichub-Wala

San-Blas-Inseln – Das Paradies der Gunas

nur spekulieren, wie dieses gewichtige Wörtchen in den Sprachschatz der Gunas gelangen konnte. Eine wissenschaftliche Erklärung dafür kennen wir nicht. Sollte ein Sprachforscher unter den Lesern des Rätsels Lösung wissen, bitten wir um Meldung an den Verlag.

■ Anreise per Flugzeug oder Hubschrauber

Mit Air Panama ab Aeropuerto Marcos A. Gelabert/Albrook (PAC) täglich um 6 Uhr morgens mit Air Panama nach Porvenir (PVE) und um 6:55 Uhr in umgekehrte Richtung. Flugdauer ca. 30–40 Min., ca. 40 Bs/US$.

Sie sollten auf einer der Inseln (z. B. Wichub-Wala oder Nalunega) vorreserviert haben und werden dann bei Ankunft des Flugzeugs mit dem Boot abgeholt. Ohne Vorreservierung müssen Sie sich bei der Guna-Polizei auf El Porvenir anmelden, können in dem kleinen Hotel direkt am Flugplatz übernachten und dort ihre Weiterreise organisieren.

Flexibler, aber teurer bringt Sie ein Hubschrauber aus der Flotte von HELIPAN oder HELI ANCÓN nach Porvenir (→ S. 52).

Daran sollten Sie denken:

▶ Reisepass mitnehmen! Er muss bei Betreten des Guna-Territoriums im Original vorgelegt werden.

▶ Sonnenschutz (Kopfbedeckung) und Sonnencreme mit hohem Lichtschutzfaktor – die wenigsten Guna-Boote verfügen über ein Sonnendach.

▶ Ausreichend Trinkwasser (ca. drei Liter/Tag) mitnehmen. Auf vielen Inseln gibt es keine Infrastruktur und auch keinen Kiosk oder Supermarkt.

▶ Badehose/Badeanzug, Schnorchelausrüstung, Handtuch

▶ Kamera(s), Zusatzakku(s), Plastikbeutel zum Schutz vor Wasser

▶ Regencape

▶ Bei jeder Bootsfahrt unbedingt Schwimmwesten anlegen! (Müssen auf jedem Boot ausreichend vorhanden sein. Zustand oft etwas schmuddelig.)

▶ Müll (Flaschen, Dosen, Plastiktüten) wieder mit aufs Festland nehmen

■ Anreise auf dem Landweg

Von Panama-Stadt fahren Sie auf der Interamericana gen Osten, also Richtung Darién-Gebiet und Kolumbien, auf zunächst gut ausgebauter Straße über Chepo, Platanares bis El Llano. Dort zweigen Sie Richtung Norden auf eine schlechte, nur teilweise befestigte Straße nach Cartí ab, bei der Sie froh sind, dass Sie einen Leihwagen mit Vierradantrieb gemietet haben! Auf halber Strecke müssen Sie der Guna-Polizei Ihren Reisepass vorlegen und sich gebührenpflichtig als Besucher des Guna-Territoriums registrieren lassen. In dieser Gegend hatten übrigens die Amerikaner zu Zeiten des Vietnamkriegs ihr größtes Dschungel-Trainingscamp. Die Fahrt von Panama-Stadt nach Cartí dauert etwa drei Stunden. Sie sollten sich jedoch vor der Abfahrt informieren, ob die Straße zwischen El Llano und Cartí überhaupt befahrbar ist, da es dort immer wieder zu Erdrutschen kommt. In Cartí können Sie auf einem gebührenpflichtigen Parkplatz Ihr Fahrzeug abstellen und mit einem der zahlreichen Taxiboote zu Ihrer Trauminsel übersetzen.

Bloß nie:

▶ Weisungen der Guna-Administration oder Guna-Polizei missachten!

▶ Eine Insel ohne Genehmigung des örtlichen Kaziken oder seiner Vertreter betreten

▶ Fotografieren (Land & Leute!), ohne ausdrücklich vorher um Genehmigung zu bitten und ggf. geforderte Gebühren (meist verhandelbar) zu entrichten

▶ Vor den Gunas im Bikini oder gar »oben ohne« (Männer und Frauen) herumlaufen

Guna-Junge mit frisch gefangener Languste

Strandidylle auf Franklin Island mit Blick auf die Nachbarinsel Robinson Island

Die Fahrt von Panama-Stadt nach Cartí und zurück sowie der Besuch einer Insel werden auch von einigen Reisebüros als Ein- oder Mehrtagestour angeboten. Start meist um 5 Uhr morgens, Rückkehr in die Hauptstadt vor Sonnenuntergang. – Eindeutig stressfreier als die eigene An- und Abreise!

■ Inselunterkünfte (Auswahl)

El Porvenir, Hotel Porvenir (am Flughafen), Tel.: 6692-35 42, *www.hotelporvenir.com*
Isla Wichub-Wala, Guna Niskua Lodge, Tel.: 259-91 36 und 6709-44 84, *www.Gunaniskuahotel.com*
Isla Nalunega, Hotel San Blas, Tel.: 6552-57 57, *www.hotelsanblaspanama.webs.com*
Isla Ukuptupu, Cabañas Ukuptupu, Tel. 293-87 09 und 6746-50 88, *www.ukuptupu.com*
Isla Carti, Carti Homestay, Tel. 6734-34 54, *www.cartihomestay.info*
Isla Robinson, Tel.: 6739-06 14 und 6721-98 85 und 6003-59 73

Isla Kuanidup, Tel.: 6635-6737 und 6656-4673
Isla Tuba Senika (auch Franklin Island, da Manager Mr. Franklin), Tel.: 6902-28 63

Die Unterkünfte inklusive Vollpension und einer Bootstour kosten zwischen 35 Bs/US$ und 55 Bs/US$ pro Person und Nacht. Vorreservierung ist empfehlenswert!

Badestrände

In **Panama-Stadt** und der näheren Umgebung gibt es keine empfehlenswerten Badestrände. Auch wenn manche am *Calzada de Amador* ihre Beine ins Meerwasser hängen, so ist davon aus hygienischer Sicht eher abzuraten.

Der örtlich nächste Badestrand liegt auf der *Isla Taboga*.

Auch die *Isla Contadora* ist noch in einem Tagesausflug (per Flug oder Schiff) zu erreichen und bietet traumhafte Strände. Auf dem Landweg müssen Sie ab Panama-Stadt eine mindestens zweistündige Autofahrt in Kauf nehmen, um die westlich der Metropole gelegenen Strände zwischen *Playa Chame* und *Playa Santa Clara* zu erreichen.

Mit dem Auto durch Panamas Westen

Panamas Westen bietet jede Menge »Berge und Meer«. Sonnenanbeter kommen an den traumhaften Stränden ebenso auf ihre Kosten wie Naturliebhaber, Wanderer und Vogelbeobachter in den zerklüfteten Bergregionen der *Cordillera Central*, die sich von der costa-ricanischen Grenze bis nach *El Valle de Antón* zieht.

Zu fast allen der nachfolgend beschriebenen Orte gibt es Busverbindungen ab dem Busbahnhof an der Albrook Mall in der Hauptstadt. Die Tour mit Abstechern von der zentralen Verkehrsschlagader *Interamericana* eignet sich jedoch besonders gut für eine ganz individuelle Erkundung per Leihwagen. Die Fahrstrecke von Panama-Stadt nach David (450 km) verdoppelt sich schnell, wenn Sie Highlights wie El Valle, Strandtage, Pedasí und Boquete mitnehmen. Planen Sie für die einfache Strecke etwa fünf bis zehn Tage Zeit ein. Wir empfehlen, den Mietwagen (→ S. 55) nur »oneway« zu buchen und in David abzugeben. Von dort können Sie bequem mit Air Panama in die Hauptstadt zurückfliegen oder – etwas abenteuerlicher – mit dem Bus nach Almirante, dann in das Inselparadies *Bocas del Toro* übersetzen und nach ein paar entspannten Tagen von Bocas nach Pana-

Sicherheitshinweis:

Sie sollten Ihre Suche nach einer Unterkunft in den Bergdörfern und Strandorten vor Einbruch der Dunkelheit abgeschlossen haben. Anderenfalls empfehlen wir: Zurück zur Interamericana und im nächsten größeren Ort übernachten!

Die Interamericana verbindet die Subkontinente.

Panama
© Heller Verlag

Karibisches

Golfo de los

Changuinola
Isla Colón
Bocas del Toro
Río Teribe
Almirante
Isla Popa
Río Changuinola
Laguna de Chiriquí
3335m Cerro Fabrega
Chiriquí Grande
Cordillera Central
Río Cricamola
Cerro Punta
Malí
Río Sereno
Volcán
San Andrés
3475m Volcán Barú
Boquete
2238m Cerro Pala de Macha
2121m Cerro Santiago
Boquerón
Río Chiriquí
Río San Félix
Canaz
La Concepción
David
Gualaca
Río Tabasara
Río San Antonio
Chiriquí
Aljane
Tolé
Playa Barqueta
Horconcitos
Las Lajas
Las Palmas
Puerto Armuelles
Remedios
Sona
Golfo de Chiriquí
Islas Secas
Río Cate
Islas Contreras
Santa Catalina
Isla de Coiba
Is

50 km

30 mi

Pazifischer

ma-Stadt zurückfliegen. Eine Leihwagenabgabemöglichkeit an der westlichen Karibikküste (Almirante, Changuinola) gibt es derzeit nicht.

El Valle de Antón

Ein besonderer Anziehungspunkt in der Provinz Coclé ist das üppig grüne *El Valle de Antón*. Es wurde auf dem Kraterkessel eines erloschenen Vulkans erbaut und verdankt sein frühlingshaftes Klima den 600 Höhenmetern, auf denen es liegt. Hier gedeihen Mangobäume, Bougainvillea, Palmen, Zitrusbäume, Farne, Bambus und Orchideen. Viele Panamaer haben sich hier ein Wochenendhäuschen errichtet.

Der malerische Ort ist umgeben von einem Netz aus Flüssen und Wasserfällen und wird umrahmt von Berggipfeln, wie z. B.

dem *La India Dormida*, einem Bergrücken, der sich hinstreckt wie eine schlafende Frau. El Valle lockt mit einem großen Angebot von Unternehmungen wie Wandern, Reiten, Baden, Canopytouren und Birdwatching.

Von der Interamericana führt ab Las Uvas eine 25 km lange Straße durch fruchtbares, hügeliges Ackerland stetig bergan. Auf dem Höhepunkt, dem Dorf Los Lanitos, fällt die Straße langsam nach El Valle ab. Wenige Kilometer vor dem Ortseingang bietet sich ein Stopp am »Mirador« an. Genießen Sie die Wahnsinnsaussicht auf den Ort!

El Valle wird von der Avenida Principal (identisch mit Calle Central) durchzogen, an der sich Supermarkt, Apotheke, Po-

Das Kunsthandwerk auf dem Markt von El Valle steht ganz im Zeichen des *Rana Dorada*, den man im idyllisch gelegenen Zoo beobachten kann.

lizei, Kirche, Markt, Museum, Bibliothek, Restaurant und ein paar Hotels aneinanderreihen.

Das »Museo El Valle«, ein kleines Museum bei der Kirche San José, zeigt mit verschiedenen Exponaten die Geschichte der Region auf (geöffnet nur am Sonntag von 10–14 Uhr, Eintritt 1 Bs/US$).

Am Marktplatz in der Mitte des Ortes findet täglich ein kleiner Tagesmarkt mit Obst-, Gemüse- und Pflanzenverkauf statt. Am Sonntagmorgen aber herrscht besonders reger Betrieb hier. Da kommen die Ngöbe-Bugle-Indios aus der Umgebung und bieten kunsthandwerkliche Artefakte feil. Gunas preisen ihre Molas und andere Textilprodukte an. Auch Essen und

Trinken gibt es in Hülle und Fülle. Der **Sonntagsmarkt** ist auf jeden Fall einen Besuch wert!

Des Weiteren lohnt ein Besuch im Zoo und Botanischen Garten *El Nispero*. Er liegt ca. 1 km nördlich der Polizeistation und ist täglich von 7–17 Uhr geöffnet (Eintritt 3 Bs/US$ für Erwachsene und 2 Bs/US$ für Kinder). Hier sehen Sie viele einheimische Vogelarten, Säugetiere und Pflanzen. Besonders sehenswert ist der goldfarbene Stummelfußfrosch, der *Rana Dorada*, der in freier Natur immer seltener zu finden ist.

Entspannen im Naturbad

Im Nordwesten des Ortes können Sie am Fuße des Berges *La India Dormida* den *Piedra Pintada*, einen mächtigen Felsen mit mysteriösen Zeichnungen aus präkolumbischer Zeit, bestaunen.

Ebenfalls in dieser Ecke liegen die *Pozos Termales*, eine Reihe von Naturbecken mit unterschiedlichen Wassertemperaturen und Picknickbänken (1Bs/US$ Eintritt).

Hier können Sie sich mal so richtig genüsslich im Heilschlamm suhlen! Nicht weit entfernt liegen die Wasserfälle *El Sapo* und *Cerro del Indio*. Kurz nach den Felszeichnungen auf dem *Piedra Pintada* steigt der Pfad an, und nach ca. zehn Minuten treffen Sie auf den ersten Wasserfall, kaum fünf Minuten später auf den zweiten. Nach diesem geht ein steiler Pfad zum *Cerro del Indio* hoch. Auf dem

Weg, der immer steiler und rutschiger wird, passieren Sie zwei Hütten. Wer es bis hierhin schafft, den belohnt ein wunderschöner Ausblick über das Tal. Der weitere Aufstieg ist meist wegen Rutschgefahr gesperrt.

Der schönste Wasserfall der Gegend, der *Chorro El Macho*, liegt 2 km östlich der Bushaltestelle La Pintada. Nur wenige Gehminuten von der Straße entfernt, stürzt er über eine 20 m hohe Felswand in ein kleines Becken. Auf diesem Weg trifft man auch auf ein Naturschwimmbecken, das zum Baden einlädt. Das Gebiet ist Privatgelände und kostet geringen Eintritt (geöffnet täglich von 9–16 Uhr).

Die zweite Attraktion auf dem Gelände ist eine Canopytour.

Der Wasserfall *Chorro El Macho* und eine Canopytour gehören zu den Highlights in der Gegend.

Von der höher gelegenen Startrampe aus können Sie an Stahlseilen über vier Plattformen von Baumwipfel zu Baumwipfel durch den Urwald gleiten. Das einzigartige Erlebnis kostet je nach Saison und Anbieter 50 bis 60 Bs/US$ und dauert etwa eine Stunde. Wer das noch nie gemacht hat, sollte es auf jeden Fall einmal versuchen! Es gibt auch eine preisgünstigere Kurzvariante, *el corto* genannt, nur über die letzte Plattform, für 15 bis 20 Bs/US$.

Web-Empfehlung: *www.elvalle. com.pa/de*

■ Unterkünfte in El Valle (Auswahl)

Vorreservierung, besonders am Wochenende, empfohlen!

Hotel Rincón Vallero, Tel.: 983-6175, *www.hotelrinconvallero. com*, für verschiedene Ansprüche unterschiedlich ausgestattete Zimmer, alle sehr stilvoll mit Bad, AC, TV, Safe, WiFi, Suiten mit wasserfallartiger Dusche, gutes Restaurant, romantisches Ambiente, am südlichen Ortsrand gelegen. $ $ – $ $ $ $ – **Unser Tipp!**

Hotel Residencial El Valle, Tel.: 983-6536, *www.hotelresidencial elvalle.com*, 18 saubere Zimmer mit Bad, TV und WiFi, schöne Terrasse mit Ruhebereich und Hängematten, im Zentrum. $ $ – $ $ $

Hotel Campestre, Tel.: 983-6146, *www.hotelcampestre.com*, 20 einfache Zimmer mit Bad und AC, schöne Lage am Ausläufer des dicht bewaldeten Cerro Gaital, Wanderwege, Pferdeverleih (spanisch: *alquiler de caballos*) mit und ohne Führer. In der Gegend können Sie auch die sogenannten »quadratischen Bäume« bestaunen. – $ $ $

Hotel Pekin, Tel.: 983-6449, *www.hotelpekin-elvalle.jimdo. com*, 28 einfache, saubere Zimmer mit Bad, AC, TV, WiFi, im Zentrum. $ $

Cabañas Potosi El Valle, Tel. 983-6181, Mobil: 6946-6148, vier geräumige Hütten in einem tropischen Garten, Hängematten vor der Türe, die freundlichen und hilfsbereiten Besitzer sprechen englisch und holen ggf. auch vom nahen Zentrum ab. $ – $ $

Playa Santa Clara

Punta Chame/ Playa Chame

An der Spitze einer schmalen Halbinsel, die wie ein Finger auf die Bucht von Panama Richtung Isla Taboga zeigt, liegt der Ort *Punta Chame*. Die *Playa Chame* an der Südseite der Halbinsel ist rund 100 km von Panama-Stadt entfernt und einer der hauptstadtnächsten, aber nicht schönsten Badestrände auf dem Festland.

Aufgrund der guten Windverhältnisse hat sich die Ecke in den letzten Jahren zu einem beliebten Spot für Kitesurfer (→ S. 69) entwickelt.

Playa Santa Clara

Die *Playa Santa Clara* ist ein herrlicher Bilderbuchstrand zum Schwimmen, Sonnenbaden und Ausspannen. Palmenhaine und Strohhütten spenden Schatten, ein paar kleine, aber feine Restaurants sorgen für das leibliche Wohl.

Abgesehen von ein paar einfachen Cabañas ist das Angebot an Unterkünften (noch) recht dürftig. Übernachtungsalternativen gibt es in den teuren Luxusresorts des benachbarten *Playa Farallón,* im nur 30 km entfernten *Penonomé* oder in *El Valle.*

Cabañas Las Veraneras, Tel. und Fax: 993-3313, E-Mail: *lasvera neras@cwpanama.net*, mehrstöckige, strohdachbedeckte Holzhütten auf einer kleinen Anhöhe nur wenige Meter vom Strand, nettes Restaurant, tolles Ambiente, Zimmer sauber, aber sehr spartanisch, für den anspruchslosen Traveller. $ – $ $

Farallón und Playa Blanca

Naturgemäß siedeln sich hochrangige Politiker und reiche Geschäftsleute dort an, wo es am schönsten ist. Wenn Sie am Ende der Zufahrtsstraße nach Farallón nach Osten abbiegen, reiht sich eine pompöse Villa an die andere. Nur ein Gebäude fällt etwas aus der Reihe: Der ehemalige Strandwohnsitz des Generals *Noriega* wurde 1989 im Rahmen der Operation *Just Cause* von den US-Militärs zur Ruine gemacht, die noch heute wie ein Mahnmal an der Straße steht.

Die herrlichen, ineinander übergehenden Strände *Playa Farallón* und *Playa Blanca* sind den Gästen der dort angesiedelten All-inclusive-Luxusresorts vorbehalten. Leider stimmt bei den meisten Anlagen, die wir uns angesehen haben, das Preis-Leistungs-Verhältnis nicht. Teuer, aber auch entsprechend gut ist das relativ neue Luxushotel **Bristol Buenaventura** (Río Hato).

Togo Bed & Breakfast, Tel.: 993-3393, *www.togopanama. com*, nette Pension mit fünf Gästezimmern, wenige Meter vor Noriegas Ruine auf der nördlichen Straßenseite. $ $ $ – $ $ $ $

Penonomé

Penonomé, die Hauptstadt der Provinz Coclé, hat außer einer alten Kirche und

General Noriegas ehemaliger Strandwohnsitz

Erfrischung auf der Interamericana

einem kleinen Museum, das die Landesgeschichte von der präkolumbischen Zeit bis heute reflektiert, nicht wirklich viel zu bieten. In dem Ort, der die Interamericana umsäumt, finden Sie zahlreiche Restaurants und Supermärkte und können bei Bedarf auch tanken. Das Hotelangebot ist eher spärlich.

Hotel & Suites Guacamaya, Interamericana, Tel.: 991-0117, Fax: 991-1010, einfache Zimmer mit Bad, TV, AC. $ $ – $ $ $

Hotel Dos Continentes, Interamericana, Tel.: 997-9325, *www. hoteldoscontinentes.net*, einfache Zimmer mit Bad, TV, AC. $ $ – $ $ $

Aguadulce

Die Industriestadt Aguadulce (zu Deutsch: *Süßwasser*) ist ein Zentrum der heimischen Salz- und Zuckerproduktion. In der Umgebung gibt es Salzsolen und Zuckerrohrfelder. Gelegentlich können Sie die Pflanzung und Ernte der 3 bis 6 m hohen, schilfartigen Süßgräser beobachten. Ein weiterer wichtiger Wirtschaftszweig des Ortes ist die Shrimpszucht.

Pedasí

Die Erkundung der touristisch noch wenig erschlossenen und eher kargen *Halbinsel Azuero* hat ihren besonderen

Fischer vor Pedasí

Reiz. Ein Highlight ist sicherlich der Besuch des idyllischen Fischerstädtchens *Pedasí* am südöstlichen Zipfel der Landzunge. Wasser- und Wassersportfreunde kommen an der *Playa los Destiladores* und der *Playa Venao* auf ihre Kosten. Ab Pedasí werden auch Ausflüge auf die nahe *Isla Iguana* angeboten, einem Mini-Inselchen, auf dem jede Menge Vögel und Leguane (Vegetarier) im Einklang miteinander leben.

Web-Empfehlung: *www.pedasi. com*

Pedasito Hotel, Tel.: 6584-4847, Calle Agustín Moscoso, Pedasí Zentrum, *www.pedasitohotel. com*, motelartige Anlage mit zehn Zimmern, Bad, TV, AC, WiFi, Pool, Wellness, Massagen, Ausflüge. $ $ $

Café Limon Hotel, Tel.: 995-2942 und 6662-8804, *www. pedasihotelcafe.com*, nette Pension im Nachbarort Limon, Bad, TV, AC und Deckenventilator, WiFi, Ausflüge, sehr gutes Preis-Leistungs-Verhältnis! $ $ $

Dim's Hostal, Ave. Central, Pedasi, Tel.: 995-2303, AC, beliebtes Hostel. $ $

Santiago

Santiago, die Hauptstadt der Provinz *Veraguas,* zählt rund 35 000 Einwohner und liegt 250 km von Panama-Stadt und 200 km von David entfernt. *Santiago de Veraguas* lebt vor allem vom Durchgangsverkehr auf der Interamericana. Hier finden Sie Tankstellen, Restaurants, Hotels, Obst-, Gemüse- und Supermärkte, einheimisches Kunsthandwerk, das *Museo Regional de Veraguas* mit Fossilien und Exponaten aus präkolumbischer Zeit und natürlich, wie in allen größeren Orten des Landes, eine Kathedrale mit weiß getünchter Fassade und den typischen dreistöckigen Doppeltürmen.

■ Unterkünfte in Santiago

Hotel EcoResort Vista Lago, Rincón Largo, La Peña, Santiago, Tel.: 954-9916, *www.hotel vistalagopanama.com*, gut ausgeschilderte Abzweigung von der Interamericana, etwa 10 km nach dem Ortsrand von Santiago Richtung David, idyllisch an einem See gelegenes 280-Zimmer-Hotel mit Bad, WC, AC, TV, WiFi, Restaurant, einladender Pool. $ $ – $ $ $ – **Unser Tipp!**

Hotel La Hacienda, Tel.: 958-8579 und 958-8751, *www.hotel-lahacienda.net*, ca. 3 km westlich des Zentrums, farbenfrohes Hotel im mexikanischen Stil, 56 Zimmer mit Bad, WC, AC, TV, WiFi, Restaurant, Casino, Pool, etwas laut, aber ansonsten empfehlenswert.

Hostal Veraguas, Barriada San Martin, Ave. 20 C Norte, Santiago, Tel.: 958-9021, Mobil: 6669-6126, *www.hostalveraguas.com*, saubere und preiswerte Zimmer für Rucksackreisende, Gemeinschaftsküche, Kühlschrank, TV- und Videoraum, Waschmaschine, WiFi, nette, familiäre Atmosphäre. $

Ngöbe-Frauen in Stammestracht und Viehaustrieb am Dorfrand von Tolé

Tolé

90 km nach Santiago Richtung David zweigt etwa 1 km nach dem Dorf *Veladero* die Straße nach *Tolé* von der Interamericana ab. Von der Abzweigung sind es noch 3 km bis zum Dorf der *Ngöbe* (→ S. 31). Die Indios leben hier vorwiegend vom Handel mit landwirtschaftlichen Erzeugnissen (u. a. Kaffee) und von der Herstellung von Kunsthandwerk. Als Souvenirs beliebt sind die farbenfrohen, weiten Kleider, geflochtene Körbe und handgewebte Taschen *(Chácaras)* sowie Geldbörsen und Halsketten *(Chaquiras).*

David

David, die Hauptstadt der Provinz *Chiriquí,* gerade einmal 50 km entfernt von der costa-ricanischen Grenze, bildet das wirtschaftliche Zentrum des westlichen Panama und ist mit rund 140 000 Einwohnern die drittgrößte Stadt des Landes. Mit der *Panameri-*

cana und dem *Aeropuerto Internacional Enrique Malek* ist der Ort verkehrstechnisch gut angebunden.

Das Zentrum der geschäftigen Messestadt befindet sich rund um den *Parque Cervantes*, überragt vom Davidturm, der dem letzten großen Erdbeben 1934 standgehalten hat. Hier herrscht reges Treiben. In den umliegenden Straßen finden Sie Hotels, Schnellrestaurants, Supermärkte, eine Apotheke und, einen Block nordöstlich in der Calle C Norte, das Postamt.

Im *Barrio Bolívar*, dem historischen Stadtkern südlich des Parks, befinden sich die wenigen Sehenswürdigkeiten des Ortes. Das *Museo de Historia y Arte José de Obaldia* (Museum für Kunst und Geschichte) zeigt Ausstellungsstücke aus dem späten 19. Jahrhundert. Im Kolonialbau nebenan präsentiert sich die *Fundación Gallegos y Cultura*, eine Forschungsbibliothek mit interessanten Ausstellungsstücken, u. a. einer Druckerpresse aus dem 19. Jahrhundert und präkolumbischer Keramik.

Shoppingfreunde kommen in der *Chiriquí Mall* (auf der Interamericana etwa 3 km westlich des Stadtrands Richtung Costa Rica) auf ihre Kosten. Wenn Sie der Interamericana,

gesäumt von Bananenplantagen und Zuckerrohrfeldern, weitere 20 km Richtung Westen folgen, können Sie nahe dem Ort *Las Loras* die alte Rumdestillerie **Carta Vieja** besuchen, Führungen von Mo.–Fr. zwischen 9 und 11 sowie 13 und 15 Uhr, Tel.: 772-7073, *www.cartavieja panama.com*.

Südlich von David erstreckt sich das größte Mangrovensystem Panamas über die Trichtermündung der Flüsse Chiriquí, Chico und David. Hier liegt auch der stadtnächste Strand *Playa La Barqueta* (etwa 30 Autominuten) mit ein paar netten Fischerhütten und einem Refugium für Schildkröten.

David, mit einer Durchschnittstemperatur von 30 Grad Celsius die heißeste Stadt des Landes, ist ein idealer Ausgangspunkt für Ausflüge in das Hochland, vor allem nach *Boquete, Volcán*, den *Parque Nacional Volcán Barú* und für Exkursionen auf die Inseln des *Golfo Chiriquí*.

Falls Sie in David, wie zu Beginn des Kapitels angeraten, Ihren Mietwagen abgeben, können Sie nun ab dem südlich der Stadt gelegenen Flughafen oder dem nördlich des Zentrums angesiedelten Busbahnhof Ihre Rück- oder Weiterreise antreten. Noch Zeit für das Inselpara-

dies *Bocas del Toro*? Die Busse nach *Changuinola* (aussteigen in *Almirante!*) gehen ab 5 Uhr morgens alle halbe Stunde, genauer gesagt dann, wenn sie voll sind …

■ Unterkünfte in David

Ciudad de David Hotel & Business, Calle D Norte Ecke Ave. 2 Este, David, Tel.: 774-3333, *www.hotelciudaddedavid.com*, luxuriöses Businesshotel im Zentrum, 103 geräumige Zimmer mit Bad, AC, TV, WiFi, Safe, Minibar, kleiner Pool, Gourmetrestaurant, gutes Preis-Leistungs-Verhältnis! 💲💲💲💲

Gran Hotel Nacional, Ave. Central Ecke Calle Dr. E. Pérez Balladares, Tel.: 775-2222, *www. hotelnacionalpanama.com*, zentral gelegenes Hotel, 117 geräumige Zimmer mit Bad, AC, TV, WiFi, Safe, schöner, großer Swimmingpool, guter Italiener im Haus, sehr gutes Preis-Leistungs-Verhältnis! 💲💲💲 – 💲💲💲💲 – **Unser Tipp!**

Hotel Castilla, Calle A Norte, David, Tel.: 774-5236, *www. hotelcastillapanama.com*, kleines Stadthotel, 68 Zimmer mit Bad, AC, TV, WiFi, Safe, Restaurant im Haus. 💲💲

The Purple House Hostel, Calle C Sur Ecke Ave. 6 Oeste, Tel.: 774-4059, Mobil: 6428-1488, *www.purplehousehostel.com*, preiswerte, einfache Zimmer für Rucksackreisende, Gemeinschaftsküche, Kühlschrank, TV- und Videoraum, Waschmaschine, WiFi. 💲

Boquete

Boquete gehört zu den Top-Destinationen des Landes. Von David aus folgen Sie der Verlängerung der Avenida Obaldía, die jenseits der Interamericana Vía Boquete heißt, auf einer schnurgeraden, gut ausgebauten Schnellstraße 40 km Richtung Norden. Sie müssen selbst entscheiden, ob Sie es bei einem Tagesausflug belassen oder ein paar Tage und Nächte in dem romantischen Bergdorf verweilen möchten. Sie werden beides auf keinen Fall bereuen!

Der Ort liegt über 1000 m hoch im Tal des *Río Caldero*, malerisch an die Ausläufer der Zentralkordillere angeschmiegt, umgeben vom ruhenden *Vulkan Barú* im Westen und den Bergen *Cerro Azul* und *Cerro la Estrella* im Osten. Das Klima ist angenehm frühlingshaft, und in der fruchtbaren Erde gedeihen viele Blumen, Zierpflanzen, Zitrusfrüchte, Gemüse und Kaffee. Gegen Abend fällt häufig ein feiner Nieselregen, der zusammen mit der Sonne immer wieder wunderschöne Regenbogen hervorzaubert!

Die umgebende Bergland-schaft lädt zu Trekkingtouren, Wanderungen auf dem *Sendero los Quetzales,* Mountainbiking, Riverrafting, Reiten, Birdwat-ching, Canopytouren und last, but not least zu Touren durch eine der großen Kaffeeplantagen ein.

Nützliche touristische Informationen erhalten Sie im *Boquete Visitor Center* am Ortseingang. Gleich daneben lädt das

Regenbogen sieht man häufig in Boquete.

Café Kotowa zu Kaffee und leckerem Kuchen ein. Lassen Sie von der Terrasse aus Ihren Blick über das Panorama des pittoresken Städtchens schweifen und genießen Sie die atem- beraubende Aussicht auf das Flussbett des *Río Caldera*!

Der Ort teilt sich in *Bajo Boquete* (tiefes Boquete) und *Alto Boquete* (hohes Boquete), wobei paradoxerweise der südliche

Señor Ruíz ist stolz auf seinen Kaffee.

Ortsteil *Alto Boquete* tiefer liegt als der nördliche Ortsteil *Bajo Boquete*.

Boquete wurde 1911 von europäischen Immigranten gegründet. Auch in den letzten Jahrzehnten haben sich wieder mehr europäische und amerikanische Einwanderer hier niedergelassen, insbesondere, nachdem im Jahre 2000 ein US-amerikanisches Magazin den Ort zu einem der vier Topplätze für Senioren gekürt hat. Der vermehrte Zuzug von Ausländern hat sich auch in den Immobilienpreisen niedergeschlagen.

Kaffee spielt eine bedeutende Rolle in und um Boquete. Die Haupterntezeit ist der Monat Dezember. Dann strömen Heerscharen von Ngöbe-Indios, meist mit der ganzen Familie, in die Plantagen und füllen im Akkord ihre vor den Bauch gebundenen Körbe. Ein Pflücker schafft zehn bis zwölf Körbe am Tag. Samstag ist Zahltag in den Kaffeefabriken. Dann stehen die Tagelöhner stundenlang vor einer aus viereckigen Behältern bestehenden Messstation, um ihre Säcke zu entleeren. In den sogenannten *Beneficios* werden die Bohnen von Schale und Fruchtfleisch getrennt und zum Trocknen in der Sonne ausgebreitet. Danach wird die Pergamenthaut entfernt, und die Bohne wird geröstet. Es gilt der Grundsatz: *Je kleiner die Bohne, desto besser die Qualität!*

Verschiedene Kaffeeproduzenten bieten interessante Führungen über ihre Plantagen und Röstereien an, u. a. die **Finca Lérida**, **Café Kotowa** und **Café Ruíz**.

Um zum **Café Ruíz** zu gelangen, halten Sie sich in *Bajo Boquete* an der Straßengabelung nördlich der Kirche *Iglesia Juan Bautista* links. Der über 90-jährige Senior *Plinio Ruíz* schaut immer noch täglich in seiner kleinen, aber feinen Rösterei nach dem Rechten, während sich sein Sohn *Josué Ruíz* im baden-württembergischen Schönaich um den Europavertrieb kümmert. (Website: *www.caferuiz.com*)

In nördlicher Richtung gleich neben dem Café Ruíz können Sie den prachtvoll angelegten Garten *Los Jardines (Mi Jardin es su Jardin)* bewundern. Auf den blumengesäumten Wegen des riesigen Privatgrundstücks (Eintritt frei) zu lustwandeln ist wirklich ein Erlebnis. Diese Symphonie aus Farben und Düften werden Sie nie vergessen! Bunte Tierskulpturen, kunstvoll in Sternform angelegte Blumenbeete, wie menschliche Figuren geschnittene Sträucher, kunstvolle Blumenbogen und kaskadenartige, kleine Wasserfälle erfreuen das Auge.

Die Farbenpracht erschlägt einen schier. Überall blühen Bougainvillea, Hibiskus, Rosen, Nelken und vieles mehr.

Gartengeschäft in Boquete

Die Blumenzucht ist übrigens in der Region neben dem Kaffeeanbau der wichtigste Landwirtschaftszweig. Im Januar findet jedes Jahr die *Feria de las Flores y el Café* (Blumen- und Kaffeemesse) statt, ein Höhepunkt des Jahres, neben der *Feria de las Orquídeas*, der Orchideenmesse, die im April abgehalten wird.

Für eine Tour auf den 3475 m hohen *Volcán Barú* – die höchste Erhebung Panamas – raten wir, mindestens eine Nacht in Boquete zu verbringen, da Sie sehr früh aufstehen müssen, um mit einem allradgetriebenen Fahrzeug die steil ansteigende Strecke durch den Regenwald zu meistern. Dann haben Sie eine Chance, den Sonnenaufgang über zwei Ozeanen gleichzeitig zu sehen.

Der *Sendero Los Quetzales* zieht sich über den Nordhang des Vulkans Barú und verläuft durch dichten, unberührten Regenwald mit sehenswerter Vogelwelt. Die Chance, einen Quetzal zu sehen, ist hier im ganzen Land am größten. Über 300 brütende Quetzal-Paare leben in diesem Gebiet. Bestrebungen der Regierung, den Wanderweg als Verkehrsstraße auszubauen, sind bisher am Protest der Bevölkerung gescheitert!

Schließlich bietet sich noch ein kleiner Ausflug zu den heißen Quellen *Los Pozos de Caldera* an. Für nur 2 Bs/US$ Eintritt können Sie hier Ihrer Gesundheit etwas Gutes tun! Der öffentliche Bus von Boquete nach Caldera kostet 1,50 Bs/US$, für ein paar Dollar mehr gibt's ein Taxi.

■ Informationen & Touren

Boquete Visitor Center, Ortseingang Boquete, Tel. 720-2545 und 6030-6900, *www.boquetevisitorcenter.net*

Boquete Tree Trek, Tel. 720-1635 und 6450-2599, *www.boquetetreetrek.com*, Canopytour, Quetzaltour, Kaffeetouren, Unterkünfte, Busfahrten zum Flughafen nach David und nach Almirante.

Boquete Mountain Safari, Tel.: 720-9353 und 6627-8829, *www.boquetesafari.com*, Riverrafting, Quadtouren durch den Regenwald, Jeepsafaris (auch auf den Vulkan Barú!), Reiten, Wanderungen, Vogelbeobachtung, Ausflüge zu den heißen Quellen, Kaffeetouren, Shuttleservice zum Flughafen nach David und nach Almirante/Bocas del Toro.

■ Unterkünfte in Boquete

Valle Escondido Resort & Golf Spa, 2 km westlich von Bajo Boquete, Tel.: 720-2898, *www.veresort.com*, Wellnessresort mit 9-Loch-Golfplatz, Pool und allen Annehmlichkeiten eines Luxushotels, 40 Zimmer, gepflegte Anlage. $ $ $ $

La Casa del Risco, Hacienda Los Molinos, El Frances, 13 km südlich des Besucherzentrums von Boquete, Tel.: 730-8313 und 6676-0653, *www.lacasadelrisco.com*, sechs romantische, geräumige Zimmer mit Bad, AC, TV, DVD-Player, WiFi, Minibar, Safe, Balkon mit Aussicht, Ausflugsangebote, gutes Preis-Leistungs-Verhältnis! $ $ $ – $ $ $ $ – **Unser Tipp!**

Mamallena Hostel Boquete, Parque Central, Bajo Boquete, Tel.: 720-1260 und 6723-2014, *www.mamallenaboquete.com*, saubere Doppel- und Mehrbettzimmer, gut ausgestattete Gemeinschaftsküche, Ruhebereich mit Hängematten, TV-Raum, AC, Münzwaschmaschine, kostenlos sind PC mit Internet, WiFi, Tee, Kaffee, Pancakes und gute Stimmung! Günstige Ausflugsangebote und Transferbus nach Almirante/Bocas del Toro! $ – $ $

Bocas del Toro

Bocas del Toro (zu Deutsch: *Münder des Stiers*) ist eine Provinz im Nordwesten der Republik und umfasst neben dem Festland sechs größere und zahlreiche kleine Inseln. Auf dem Land werden u. a. Bananen und Kakao angebaut und die beste Schokolade des Landes produziert. Die gleichnamige Provinzhauptstadt liegt auf der **Isla Colón**. Christoph Columbus erkundete 1502 den Landstrich und gab einigen, damals noch unbekannten Flecken seinen Namen: Isla Cristóbal (Christoph), Isla Colón (Columbus), Almirante (Admiral).

In den 1990er-Jahren entdeckten zunächst Rucksacktouristen, die mal schnell aus Costa Rica über die Grenze kamen, das tropische Inselparadies. Heute ziehen die »Bocas« Touristen jeder Altersgruppe an und bieten Unterkünfte und Attraktionen für den kleinen und großen Geldbeutel. Freundliche Menschen, karibisches Flair, kreolische Küche, fangfrischer Fisch und tropische Früchte, bunte Hängematten, feine Sandstrände und immer eine leichte, angenehme Meeresbrise laden zum Verweilen ein. Hier können Sie richtig abhängen und ausspannen, aber auch Kajak fahren, surfen, schnorcheln, tauchen, Rad fahren, wandern oder eine Sprachschule besuchen. In der *Green Season* (Regenzeit) zwischen Mitte April und Mitte Dezember kann das Urlaubsvergnügen allerdings durch heftige Regenfälle deutlich eingetrübt werden.

Bocas del Toro-Stadt/ Isla Colón

Der touristische Mittelpunkt der Inselgruppe, Bocas del Toro-Stadt auf der Isla Colón, ist vom Festland aus nur per Boot (ab Almirante) oder per Flugzeug (ab Panama-Stadt oder auch San José/CR) zu erreichen.

■ Anreise auf dem Land- und Wasserweg

Die Busfahrt ab dem Albrook-Busterminal in Panama-Stadt nach Almirante dauert mit Umsteigen in Santiago und Chiriquí rund elf Stunden. Selbst wenn man im ersten Bus mitkommt, erreicht man Almirante nicht mehr bei Tageslicht. Als Alternative bietet sich an, zuerst David anzusteuern, dort ein oder zwei Tage zu verbringen, vielleicht mit einem Tagesausflug nach Boquete, und von David aus weiterzureisen.

Ab dem zentralen Busbahnhof in David fährt ab 5 Uhr morgens etwa alle 30 Minuten ein Bus nach *Changuinola*, der in *Almirante* hält. Fahrdauer ca. vier Stunden (mit kurzer Pause). Nehmen Sie einen Bus vor 12 Uhr mittags, damit Sie noch vor Einbruch der Dunkelheit an Ihrem Ziel ankommen! In Almirante stehen Sammeltaxis bereit, die Sie für wenige Dollars zum Hafen bringen, und dort warten

Bocas del Toro – der beste Ort zum Abhängen

Bootsanlegestelle direkt am Hotel

schon die Boote zum Transfer nach *Bocas del Toro* (ca. 30 Minuten/4–6 Bs/US$ pro Person).

■ Anreise per Flugzeug

Air Panama fliegt zweimal täglich von Panama-Stadt (Albrook) nach Bocas und zurück. Info & Buchung: *www.airpanama. com*

Die costa-ricanische Fluglinie *Nature Air* fliegt mehrmals wöchentlich von San José/CR (Pavás) nach Bocas und zurück. Info & Buchung: *www.natureair. com*

Das malerische Städtchen mit den vielen bunten, meist auf Stelzen ins Meer hinaus gebauten Hotels, den Bootsanlegestellen, Restaurants, Bars, Discos und Supermärkten können Sie in einer guten Stunde komplett per pedes ablaufen und erforschen. Alles Leben spielt sich entlang der Strandstraße Calle 1, dem zentralen Parque Simón Bolívar und der angrenzenden Calle 3 ab.

Der Hauptteil der **Isla Colón** liegt nördlich des Ortes und besteht größtenteils aus dichtem Urwald. Eine Straße führt entlang der Ostküste vorbei am noblen **Playa Tortuga Beach Resort** und der beliebten Öko-Lodge **Tesoro Escondido** zum **Playa Bluff**, wo sie irgendwann abrupt endet. Dieser kilo-

Gefährliche Unterströmungen

An vielen Stränden im Archipel Bocas del Toro gibt es gefährliche Unterströmungen (englisch *Rip Currents, Rip Tides*). Das Phänomen fordert jährlich Hunderte von Menschenleben, nicht nur in Panama, sondern weltweit, auch in Europa. Ruhig erscheinende Stellen, z.B. zwischen zwei tief gelegenen Sandbänken, können genauso gefährlich sein wie das bewegte Meer.

Hier die wichtigsten Überlebensstrategien:

▶ Schwimmen Sie nie alleine!

▶ Kämpfen Sie im Ernstfall nie gegen die Strömung an – die Naturgewalt ist immer stärker und verzehrt nur Ihre Kräfte.

▶ Machen Sie sich laut schreiend bemerkbar, wenn Sie den Kopf über Wasser bekommen.

▶ Schwimmen Sie seitlich aus der Strömung heraus und in großem Bogen an eine andere Stelle des Strandes zurück.

meterlange Strand ist wegen seiner hohen Wellen ein Eldorado für erfahrene Surfer, aber nicht zum Baden geeignet! Eine weitere Straße führt quer durch die Hauptinsel zu deren nordwestlichem Ende. Hier bietet die geschützte Bucht **Boca del Drago** mehrere schöne Strandabschnitte zum Baden. Die Fahrt im Bus- oder Sammeltaxi dauert ab Bocas-Stadt einfach etwa 45 Minuten.

■ Notrufnummern für Bocas-Stadt

Bocas Hospital und Rettungsdienst 757-9201
Polizei 757-9217

■ Aktivitäten

Fahrrad-Verleih: Bicicletas Ixa (36), Tel.: 757-9586 und 6747-3208
Tauchen, Schnorcheln, Kajak-

fahren: *www.bocaswatersports. com,* Tel.: 757-9541

Surfschule: *www.bocassurf school.com*, älteste Surfschule in Bocas, günstige Unterkunft in Lula's Bed & Breakfast (48) = gleiche Adresse, Surfboardverleih

Segelschifftouren: *www.bocas sailing.com,* Tel.: 757-7048 und 6464-424

Reisebüro & Touren: *www. shanatravel.com,* Tel.: 757-9796 und 6486-6800, am westlichen Ende der Ave. G, dann rechts im Las Cabanas, neben dem Koko Resort, man spricht deutsch!

Yoga: *www.bocasyoga.com*

Sprachschule: Spanish by the Sea (40), *www.spanishatlocations. com*, *bocas@spanishatlocations. com,* Tel.: 757-9518 und 6592-0775, gute Sprachschule mit einfacher Unterkunft (Hostel) und Filialen in Panama-Stadt, Boquete und Turrialba (CR). Viel-

Hotels

- 4 Bocas Paradise Hotel & Restaurant
- 8 Hostel Coconut
- 9 Hotelito del Mar
- 10 Hotel Tropical Suites
- 12 Hotel Bocas del Toro & Restaurant
- 13 El Limbo on the Sea Hotel & Restaurant
- 18 Hotel Swan's Cay
- 20 Hostal Hansi
- 23 Tungara Calipso Hostel
- 24 Hostel Heike
- 26 Laguna Hotel, Café & Restaurant
- 27 Super Centro Cristina Hotel
- 32 Grand Hotel de Bahia
- 33 Hotel Palma Royale
- 34 Hostel Casa Verde
- 42 Hotel Vista Mar
- 43 Hotel Angela
- 45 Hostel 4 Sisters
- 46 Hotel Dos Palmas
- 47 Hotel Olas
- 48 Lula's Bed & Breakfast

Restaurants und Cafés

- 11 Buena Vista Bar & Grill
- 14 China Restaurant Kun-Ja
- 17 The Reef Bar & Restaurant
- 21 John's Bakery
- 25 Golden Grill (Pizza, Pasta, Hamburger, Eis, WiFi-Spot)
- 28 Bocas Bambu Beach Club

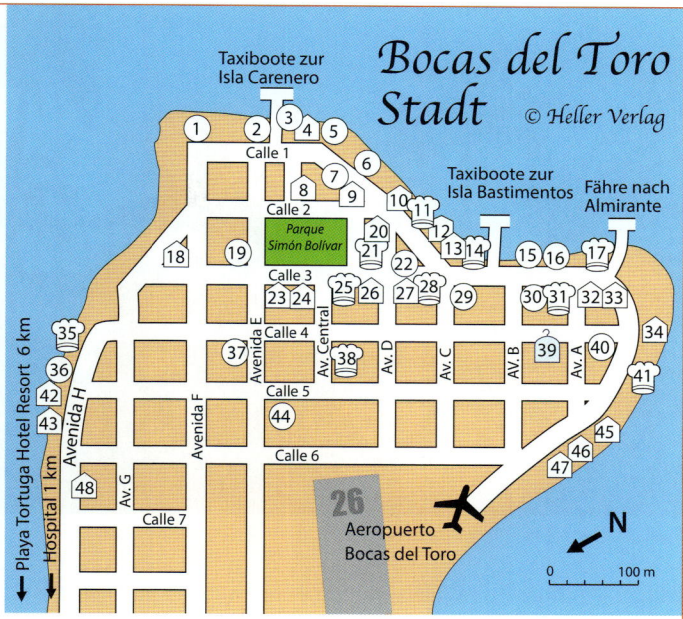

Bocas del Toro Stadt
© Heller Verlag

31 Restaurant Natural Mystic
35 Rip Tide Bar & Grill
38 Gringos Mexican Food
41 Restaurant El Ultimo Refugio

Sonstiges

1 Feuerwehr
2 Tropical Markets (Fisch, Fleisch, Feinkost, Restaurant)
3 El Barco Hundido Bar & Club
5 Polizei
6 Tourismusbüro
7 Internet mit Skype

15 Apotheke/Farmacia Rosa Blanca
16 La Iguana Surf-Bar & Disco
19 Postamt
22 Supermarkt & Internet
27 Super Centro Cristina Supermarkt
29 + 30 Supermarkt
36 Fahrradverleih Bicicletas Ixa
37 Bank mit Geldautomat
39 Wäscherei
40 Sprachschule Spanishatlocations
44 Sportstadion

Pool im Luxusresort Playa Tortuga

fältiges Ausflugs- und Freizeit-
programm!
Offizielle Bocas-Website: *www.
bocasdeltoro.com,* aktuelle In-
Lokale, Hotels und Aktivitäten
rund um Bocas del Toro.
Im **Tourismusbüro** (6) erhalten Sie einen kostenlosen
Orts- und Inselplan und Informationen über aktuelle lokale
Events.

■ Unterkünfte (Auswahl)

**Hotel Playa Tortuga Hotel &
Beach Resort**, Tel.: 757-9050,
www.hotelplayatortuga.com, ca.
6 km von Bocas-Stadt, All-in-
clusive Luxusanlage mit 117

Zimmern, zwei riesigen Pools,
Badestrand, mehreren Bars und
Restaurants, Tourenangebot.
$ $ $ $ – $ $ $ $ $

Tesoro Escondido, ca. 17 km
nördlich von Bocas-Stadt an der
Bluff-Beach-Road, Tel.: 6711-
9594 oder 6749-74 35, *www.
bocastesoroescondido.com*, sehr
schöne Öko-Lodge ohne TV
und Air-Condition, dafür mit
Hängematten und Yoga-Kurs.
$ $ $

Hotel Laguna (26), Calle 3/Ecke
Ave. D, Tel.: 757-9091 und 6529-
7699, *www.thehotellagunabocas.
com*, zentrale Lage, nette, rustikale Zimmer für zwei bis sieben

Straßenszene in der Calle 1

Personen, Kabelfernsehen, orthopädische Matratzen, Wäscheservice, gutes Restaurant im Haus. 💲💲💲

El Limbo on the Sea (13), Calle 1, gegenüber Ave. C, Tel.: 757-9062 und 757-9227, *www.ellimbo.com*, 15 Zimmer mit Kabel-Plasma-TV, AC, WiFi, Restaurant mit Meerblick. 💲💲💲

Hotel Olas (47), Calle 6ta, Ave. Sur Isla Colón (nahe Flughafen), Tel.: 757-9930, *www.hotelolas.com*, ins Meer hinaus gebautes Holzhaus mit 25 einfachen Zimmern, AC, Dusche, Kabel-TV, WiFi, Bar, zentrumsnah und dennoch etwas ruhiger. 💲💲

Hostal Hansi (20), Calle 20/Ecke Ave. D, Tel.: 757-9085, *hostalhansi@hotmail.com*, nettes, zentral gelegenes Hostel (spanisch: *hostal*) unter deutscher Leitung. Günstige Einzel-, Doppel- und Dreibettzimmer mit Bad, TV, Deckenventilator und Balkon. Gästeküche, WiFi, Raucherbereich. Sauber und ruhig. 💲💲

Tungara Calipso Hostel (23), Calle 3/Ecke Ave. E, Tel.: 757-9864 und 757-7213, *www.tungara.com,* drei Dreibettzimmer und sieben Räume mit bis zu elf Schlafplätzen direkt im Zentrum. 💲 – 💲💲

La Iguana Bar

Hostel Coconut (8), Calle 2, an der Ostseite des Parque Simón Bolívar, direkt im Zentrum, Tel.: 6530-1970, *www.bocasdeltoro hostal.com*, Reservierung unter *coconuthostal@gmail.com* sinnvoll! 12 blitzsaubere Zimmerchen für 2, 4 oder 6 Personen, Gemeinschaftsküche, TV, WiFi, **Tipp!** Sehr preiswert und beliebt! $

■ Restaurants (kleine Auswahl)

Bocas del Toro Restaurante im gleichnamigen Hotel (12), gute Küche!
Rip Tide Bar & Grill (35), Fisch und Langusten fangfrisch auf den Tisch!
John's Bakery (21), gut belegte Sandwiches & Burgers, süße Verführungen.

■ Nachtleben

El Barco Hundido (3), Calle 1, nahe Bootssteg zur Isla Carenero, das namengebende, versunkene Schiff ist nachts angeleuchtet, heiße Musik und coole Drinks, junges Publikum, wochentags von 20 Uhr bis Mitternacht, am Wochenende bis 3 Uhr früh.

La Iguana Surf-Bar & Disco (16), Calle 1, gegenüber Restaurant Natural Mystic, am späten Abend füllt sich die Bar mit bunt gemischtem Publikum.

Bocas Bambu Beach Club (28), Calle 3/Ecke Ave. C, leckere Cocktails, kleine Mahlzeiten, heiße Musik und abends oft nette Tanz- und Showeinlagen.

Preis dafür hängt von Ihrem Verhandlungsgeschick und der Größe Ihrer Gruppe ab. Der Tag dürfte jedoch nicht mehr als 20 Bs/US$ pro Person kosten.

<u>Wichtig</u>: Das Boot sollte mindestens einen 75-PS-Motor, Schwimmwesten für alle Passagiere (auf See immer anlegen!) und ein Sonnenschutzdach haben.

■ Isla Carenero

Die Isla Carenero ist von Bocas-Stadt aus die nächstgelegene und zugleich kleinste Nachbarinsel. Stellen Sie sich einfach an den Pier (→ Karte), und nach wenigen Minuten hält ein Fischer- oder Taxiboot und bringt Sie für 1 bis 2 US$ in rund fünf Minuten auf die andere Seite. Carenero ist klein, beschaulich und ruhiger als Bocas. Es gibt hier sowohl Surfer- als auch Badestrände, ein paar nette Unterkünfte und Restaurants. Die Insel lädt zu ausgedehnten Strandspaziergängen ein.

Hotel Tierraverde, Tel.: 757-9903 und 6615-5911, *www. hoteltierraverde.com*, AC, TV, WiFi, stilvolle Zimmer, gutes Preis-Leistungs-Verhältnis! 💲💲 – 💲💲💲

Inselhüpfen

Es gehört zum Pflichtprogramm für Bocas-Touristen, von Colón aus die eine oder andere Nachbarinsel zu besuchen, sei's zum Schnorcheln, Tauchen, Surfen, Baden oder gleich zum Umziehen und Hängenbleiben. Die einfache Überfahrt ab Bocas-Stadt kostet je nach Entfernung zwischen 1 und 12 US$. Sie können sich auch für einen halben oder ganzen Tag ein Boot mit Kapitän mieten und zu mehreren Inseln schippern lassen. Der

Buccaneer Resort, Tel.: 757-9042 und 6796-0114, *www.bocas buccaneerresort.com,* paradiesische Strandhütten und Bungalows, gutes Restaurant! $ $ $

Gran Kahuna, Tel.: 757-9551, *www.grankahunabocas.com,* kunterbuntes und beliebtes Surferhostel, $ – $ $ $

Aqua Lounge, Tel.: 757-9975, *www.bocasaqualounge.info,* beliebtes Surferhostel für den kleinen Geldbeutel. $ – **Tipp:** Zugleich angesagte **Disco** und **Bar**. Die nicht überdachte Lounge zieht mittwochs und samstags abends junge Traveller aus Carenero und Bocas-Stadt an. Dann geht hier bei heißer Musik, Bier und Tequila bis spät in die Nacht richtig die Post ab! Die Gäste können nachmittags, sofern der Alkoholpegel noch niedrig ist, vom Trampolin oder einer Schaukel aus direkt in ein Wasserloch hüpfen. Bei Regen gibt's in einer kleinen, strohbedeckten Holzhütte Kino und Spiele für alle!

■ Isla Bastimentos

Die Insel ist ab Bocas-Stadt mit dem Taxiboot in gut 10 bis 20

Aqua Lounge auf der Isla Carenero

Minuten erreichbar, je nachdem, an welchem Teil der Insel Sie sich abliefern lassen. Vergessen Sie nicht, mit dem Bootsfahrer für die Rückfahrt einen festen Ort und Zeitpunkt, möglichst noch vor Einbruch der Dunkelheit, festzulegen!

Auf den 52 Quadratkilometern leben rund 1500 Menschen, die meisten davon im Ort Bastimentos. Etwa 5 km östlich der Hauptsiedlung befindet sich an einer Landenge die **Red Frog Marina**, von der aus Sie in 15 bis 20 Minuten per pedes die Insel durchqueren und den an der Nordseite gelegenen **Red Frog Beach** erreichen können (Nationalparkeintritt 5 Bs/US$). Der **Red Frog Beach** ist der populärste und einer der schönsten Strände der Inselgruppe und verfügt über eine gute Infrastruktur mit Liegestuhlverleih, Bar, Grill, Aussichtsplattform und angelegten Dschungelpfaden.

In westlicher Richtung geht's zum **Wizard Beach**, in östlicher zum **Turtle Beach** und zum **North Beach**.

Rote Pfeilgiftfrösche

Die roten Frösche, treffender auch Erdbeerfröschchen (*Oophaga pumilio*, *Dendrobates pumilio*) genannt, sind auf den Islas Bastimentos und Solarte besonders häufig zu finden. Die Tierchen sind knallrot mit dunklen Flecken oder Punkten und erreichen eine maximale Größe von 20 mm. Aus ihren Körperabsonderungen haben die Indios früher ihr Pfeilgift gewonnen. Solange man nicht den Schleim der Tiere in offene Wunden reibt oder größere Mengen lebendig vertilgt, besteht jedoch keine Gefahr! Die *Red Frogs* gehören zur Familie der **Baumsteigerfrösche** (Dendrobatidae) und kommen in ganz Mittelamerika auch in anderen, recht auffälligen Farben vor, von leuchtend Gelb über Neongrün bis Azurblau, meist mit schwarzen Mustern. Der Ruf des Männchens klingt wie das laute Summen einer Biene.

Die karibikseitigen Strände von Colón (Playa Bluff) und Bastimentos (Wizard Beach, Long Beach, Red Frog Beach) zählen zu den weltweit besten **Surfspots**, die im Vergleich mit Hawaii oder Tahiti durchaus mithalten können. Die besten Wellen mit bis zu 7 m Höhe gibt's zwischen Mitte November und Ende März!

► An allen Stränden können gefährliche Unterströmungen vorkommen!

► Erforschen Sie die Dschungelpfade und einsamen Strände nicht alleine!

► Lassen Sie Kameras, Geldbeutel und Wertgegenstände nie unbeaufsichtigt!

Jungle Lodges und **Villas** der gehobenen Klasse zum Mieten und Kaufen sowie Katamaranverleih finden Sie unter *www.redfrogbeach.com.* 💲💲💲💲

La Loma Jungle Lodge and Chocolate Farm, Bahía Honda, Tel.: 6619-5364 und 6592-5162, *www.thejunglelodge.com,* vier Zimmer, drei davon auf einer kleinen Anhöhe mit tollem Ausblick! Ngöbe-Dorfgemeinschaft.

Ein Paradies für Naturfreunde!
$ $ $

Beverlyshill, Old Bank, Tel.: 757-9923, *www.beverlyshill. blogspot.de, beverlyshill@gmail. com*, nette Privatzimmer mit Ventilator, Kühlschrank und TV. $ $

Palmar Tent Lodge, Red Frog Beach, Tel.: 6880-8640, *www.palmartentlodge.com*, geschmackvoll eingerichtete Zelte, mit Hartholzböden, bequemen Betten, Ventilator, Safe, Solarstrom. Toplage! Infos und Check-in im **Hostel Casa Verde** in Bocas-Stadt (34). $ – $ $

■ Isla de Solarte

Die **Isla de Solarte**, auch **Cayo Nancy** genannt, verläuft parallel zur Isla Bastimentos und ist von dieser nur durch einen schmalen Seeweg getrennt. Auf der 8 km² großen Insel leben rund 300 Ngöbe-Indios, vorwiegend vom Fischfang. Die Buchten und Strände der Insel

Schnorchel-Stopp am Punta Hospital

sind ein Eldorado für Schnorchler und Taucher. Der beliebteste Spot ist **Punta Hospital**. Der Name rührt von einem Hospital, das 1899 von der United Fruit Company auf einem Hügel im Westen der Insel errichtet wurde, um Malariapatienten zu isolieren. Damals wusste man noch nicht, dass Malaria von einer Stechmücke übertragen wird. Das Hospital wurde 1920 aufgelöst und nach Almirante verlegt.

Solarte Inn, Tel.: 6554-4428, *www.solarteinn.com,* sieben rustikale, teilweise gut ausgestattete Zimmer. $ $ $

■ Weitere Inseln im Überblick

Swan Key – Mini-Inselchen nördlich der Isla Colón, Vogelparadies, intakte Korallenriffe.

Isla Cayos Zapatilla – zwei unbewohnte Inseln südöstlich der Isla Bastimentos, schöne Tauchgründe, häufig von Delfinen umschwärmt!

Isla Popa – 53 km^2 große Insel südlich der Isla Bastimentos, viel Urwald mit einem Luxusresort – *www.popaparadisebeachresort. com* $ $ $ – $ $ $ $ – und einer noch luxuriöseren Eco-Lodge – *www.hotelagunazul panama.com* $ $ $ $ $. Guter Platz zum Schnorcheln, Kajakfahren, Fischen, Surfen und Delfinebeobachten!

Isla San Cristóbal – 37 km^2, südlich der Isla Colón, touristisch weitgehend unerschlossen, besiedelt von vier kleinen Indio-Dörfern (Cristóbal, Escondido, Bahía Grande und Bocatorito), Riff bei Cristóbal Light im Norden, Mangroven-Labyrinth und Delfinbucht bei Bocatorito im Osten der Insel.
Tipp: Fernab von jedem Touristenrummel laden Erika und Jose in ihr exklusives, kleines Dschungelparadies ein.
www.dolphinbayhideaway.com

Pazifikinseln

Isla Taboga

Die 11 km² große Vulkaninsel liegt rund 20 km südlich von Panama-Stadt. Mehrfach täglich legen Fähren von der über den *Calzada de Amador* erreichbaren *Isla Naos* ab und erreichen nach etwa 50 Minuten die beliebte Blumeninsel. Die Fähren verkehren je nach Wochentag und zwischen 8 und 16 Uhr Richtung Taboga und gehen zwischen 9 und 17 Uhr zurück in die Hauptstadt. Die genauen Abfahrtszeiten erfahren Sie unter der Telefonnummer 314-1730. Schon die Überfahrt ist ein Erlebnis und gewährt einen herrlichen Blick auf die *Puente de las Américas* und die Skyline der Metropole. Mit etwas Glück sehen Sie Wale und Delfine, die sich in der *Bucht von Panama* tummeln.

Die Anlegestelle liegt in einer geschützten Bucht im Osten der Insel Taboga. Nördlich und südlich des Piers laden Sandstrände zum Schwimmen, Schnorcheln und Sonnenbaden ein. Das 1500-Seelen-Dorf zieht sich an der Ostküste über etwa 2 km in die Länge und bezirzt mit seiner Blumenpracht. Hier überlagert der Duft von Rosen, Hibiskus, Bougainvillea, Oleander und Jasmin die sanfte Meeresbrise. Schon der berühmte französische Maler *Paul Gauguin* (1848–1903) war von der Insel so begeistert, dass er sich 1887 hier niederlassen wollte. Leider waren die Grundstückspreise für seine Verhältnisse zu hoch, und er musste sich letztlich als Arbeiter beim Kanalbau verdingen, um Geld für seine Weiterreise nach Martinique zu verdienen.

Der Ort lebt vom Fischfang und vom Tourismus. Viele der Fischer, die am Strand ihre Netze flicken und ihre bunten Boote instand halten, verchartern ihre Kähne auch als Taxiboote und schippern Taucher an die interessantesten Spots.

Eine Hand voll Wanderwege führt durch sattgrüne Wälder auf die beiden Hügel der Insel, den *Cerro Vigía* und den *Cerro de la Cruz,* und belohnt mit einer tollen Aussicht. Ein paar Restaurants im Dorf sorgen für das leibliche Wohl, und wer dem Großstadtrummel von Panama-Stadt entfliehen will, findet auch eine Unterkunft.

Archipiélago de las Perlas

Die Inselgruppe umfasst rund 100 Inseln. Zählt man die unbenannten Mini-Inselchen mit nur ein paar Palmen drauf auch mit, kommt man gut auf das Doppelte. Die größte Insel mit 240 km² ist die *Isla del Rey*, die touristisch am besten erschlossene die *Isla Contadora*, ca. 65 km südöstlich von Panama-Stadt.

Auf der **Isla Contadora**, zu Deutsch »Buchhalterinsel«, wurde Anfang des 16. Jahrhunderts, während der Ausbeutung der Perlenbänke rund um die Inseln durch die spanischen Konquistadoren, jede einzelne Perle akribisch gezählt und verbucht.

Heute lockt die 1,2 km² große Insel vor allem Touristen aus der Hauptstadt an. Air Panama fliegt Sie täglich in 20 Minuten vom Stadtflughafen Marcos A. Gelabert (Albrook, PAC) nach Contadora (OTD). An manchen Tagen gibt es jedoch nur einen Flug, sodass Sie gegebenenfalls übernachten müssen. Ein Segeltörn dauert in einfache Richtung gute zwei Stunden, meist werden jedoch Tagesausflüge angeboten. Eine Fähre geht täglich vom Balboa-Yachtclub (nahe Hotel Intercontinental Miramar) in Panama-Stadt nach Contadora, Zeiten und Tarife unter *www.sealasperlas.com* oder der Telefonnummer 391-1424.

Zwölf kleine Traumstrände mit feinem, weißem Sand, Schatten spendenden Palmen und türkisblauem Meer laden zum Sonnenbaden, Schwimmen, Schnorcheln und Tauchen ein. Sie können die ganze Insel in etwa zwei Stunden per pedes umwandern und sich das schönste Plätzchen aussuchen! Die *Playa Sueca* (schwedischer Strand) in der Südostecke der Insel ist einer der ganz wenigen Flecken in Panama, wo Nacktbaden erlaubt ist.

Die Isla Contadora aus der Luft

So mancher panamaische Multimillionär besitzt auf der Insel ein Wochenendhäuschen, und sogar der Schah von Persien war nach seiner Entmachtung 1979 hier eine Weile im Exil.

Villa Romántica, Tel.: 250-4067, Playa Cacique, *www.villa-romantica.com/indexD.htm*, stilvolles Haus mit 14 Zimmern, direkt am Meer, Bad, Terrasse, bestes Restaurant auf der Insel, besonderes Angebot: Touren im Glasbodenboot!
💲 💲 💲

Contadora Island Inn, im Westen der Insel, ca. 1,5 km vom Flughafen, Tel.: 250-4164 und 6699-4614, *www.contadoraislandinn. com*, fünf blitzsaubere Zimmer, Bad, Terrasse, besonderes Tourenangebot: Delfin- und Walbeobachtung! 💲💲💲

Isla de Coiba

Die *Isla de Coiba*, mit 502 km² die größte Insel Panamas und ganz Mittelamerikas, gehört zur Provinz Veraguas im westlichen Teil Panamas. Die ehemalige Gefängnisinsel, die 2005 zum UNESCO-Weltkulturerbe erklärt wurde, ist etwas ganz Besonderes: Hier gibt es noch eine nahezu unberührte Tier- und Pflanzenwelt mit vielen Spezies, die sonst nirgendwo auf der Welt zu beobachten sind, wie z. B. den hellroten Ara (*Ara macao* oder auch *Guacamayo*). Der **Natio-nalpark Coiba**, der neben der gleichnamigen Hauptinsel noch 37 weitere Inseln und Inselchen umfasst, beheimatet neben 147 Vogel-, 17 Reptilien- und 15 Schlangenarten (darunter die hochgiftige Lanzenotter und die echte Korallenschlange) auch jede Menge Affen, Faultiere, Nasenbären und Wildschweine.

An der Küste vor den schneeweißen Sandstränden tummeln sich Buckelwale, Delfine, Haie, Rochen, Barrakudas, Speerfische, Thunfische, Seeschildkröten, Riesenkraken und Millionen bunt schillernder Tropenfischchen.

Naturfreunde können dieses Juwel nur mit Genehmigung der panamaischen Umweltbehörde *Autoridad Nacional del Ambiente* (ANAM) besuchen. Die Parkwächterstation vermietet an eine begrenzte Zahl von Besuchern mit erteilter Sondergenehmigung einfache Zweibettbungalows mit Klimaanlage. Ausreichend Trinkwasser und Proviant sind mitzubringen.

Websites: *www.coibanationalpark. com*, *www.anam.gob.pa*, *www. coibadivecenter.com*

Panamas Osten/Darién-Gebiet

Einige Abenteurer und Einheimische schwärmen vom Osten Panamas, da hier die Natur, der Urwald und die Indios noch ursprünglicher zu erleben sind als im Rest des Landes. Das ist richtig.

Die von zahlreichen Baustellen und Polizeikontrollen unterbrochene Interamericana endet im Ort *Yaviza*, in der Provinz *Darién*, rund 60 km vor der kolumbianischen Grenze. Es gibt keinen befahrbaren oder legalen Grenzübergang nach Kolumbien. Die Gegend ist immer noch von der Drogenmafia und von Paramilitärs unterwandert, die teilweise von Touristenentführungen leben.

Noch einen Grund gibt es, den Osten des Landes zu meiden: Das Risiko, an *Cholera, Gelbfieber, Denguefieber* oder der gefährlichen *Malaria tropica* (zum Teil mit Chloroquinresistenz) zu erkranken, ist hier – im Gegensatz zum Westteil des Landes – außerordentlich hoch und erfordert eine entsprechende Prophylaxe (→ S. 57).

Bei einem organisierten Tagesausflug nach *Meteti, La Palma* oder auf die *Isla Iguana* halten sich die Risiken wohl in Grenzen. Dennoch: Wir würden dem Buchtitel *Panama Highlights* nicht gerecht werden, wenn wir – abgesehen von den *San-Blas-Inseln* im Nordosten (→ S. 113) – unsere Leser zu Reisen in den Osten des Landes oder ins Darién-Gebiet ermuntern würden. Wir raten davon ausdrücklich ab!

Anhang

Top-10-Panama-Websites

www.panama.diplo.de

www.visitpanama.com

www.travelpanama.eu

www.info-panama.com

www.wikitravel.org/de/panama

www.panama-highlights.de

www.thebusschedule.com/DE/pa

www.grantnt.com

www.airpanama.com

www.copaair.com

Fest- und Feiertagskalender

- 1. Januar Neujahr (Año Nuevo)

- 9. Januar Tag der Märtyrer (Día de los Mártires)

- Karneval (drei bis vier Tage lang, ca. sieben Wochen vor Ostern)

- Gründonnerstag (wie in Europa)

- Karfreitag bis Ostermontag (wie in Europa)

- 1. Mai Tag der Arbeit (Día del Trabajo)

- Christi Himmelfahrt (wie in Europa)

- Pfingstmontag (wie in Europa)

- 15. August Mariä Himmelfahrt/Gründungstag von Panama-Stadt

- 21. Oktober Festival del Cristo Negro (nur in Portobelo)

- 1. November Tag der Kinder

- 2. November Allerseelen

- 3. November Unabhängigkeit von Kolumbien (1903) – Nationalfeiertag!

- 4. November Tag der Flagge

- 5. November Colóns Unabhängigkeit von Kolumbien (nur in Colón)

- 10. November Erster Aufruf zur Unabhängigkeit von Spanien (1821)

- 28. November Unabhängigkeit von Spanien (1821)

- 8. Dezember Muttertag (Día de la Madre)

- 25. Dezember Weihnachten (Navidad)

- 31. Dezember Silvester

- Feiertage, die auf einen Sonntag fallen, werden auf den darauffolgenden Montag verschoben.

Ein »Diablo Rojo« erschreckt beim Straßenfest die Kinder.

Register

Die Autoren

Klaus Heller ist gelernter Krankenpfleger, Fallschirmsprunglehrer, Hubschrauberpilot, Journalist, Regisseur und Produzent. Er verfasste mehrere Reiseführer und Luftfahrtbücher, u. a. das Standardwerk »Fallschirmspringen für Anfänger und Fortgeschrittene« (Nymphenburger Verlag). Für den ADAC schrieb er die Packagetour-Führer »Portugal-Rundreise« und »Unentdecktes Irland«. Klaus Heller absolvierte 1982 den ersten BASE-Sprung in Deutschland. Costa Rica und Panama gehören seit zwei Jahrzehnten zu seinen bevorzugten Reisezielen.

Gabi Heller M.A. studierte Geschichte und Amerikanistik. Wissenschaftliche Recherchen, Literatur und Fernreisen sind ihre großen Hobbys. Zusammen mit ihrem Ehemann verfasste sie mehrere Reiseführer, u. a. über Costa Rica, die Isla Margarita (Venezuela), Las Vegas und Vietnam.

Kleiner Sprachführer

ja/nein	si/no
Hallo!	¡Hola!
Guten Tag! (vormittags)	¡Buenos dias!
Guten Tag! (nachmittags)	¡Buenos tardes!
Guten Abend/ gute Nacht!	¡Buenas noches!
Auf Wiedersehen!	¡Adios!
Wie geht's?	¿Como está?
Danke, gut!	¡Muy bien!
bitte	por favor
Vielen Dank!	¡Muchas gracias!
Nichts zu danken!	¡De nada!
Es tut mir leid!	¡Lo siento mucho!
Ich heiße …	Me llamo …
Verzeihung	¡Perdón!
gestern	ayer
heute	hoy
morgen	mañana
Hilfe!	¡Socorro!
Wie spät ist es?	¿Qué hora es?
Um wie viel Uhr?	¿A qué hora?
Sprechen Sie Deutsch/ Englisch?	¿Habla usted alemán/ inglés?
Ich spreche kein (wenig) Spanisch	Hablo no (solo poco) español
Bitte sprechen Sie etwas langsamer!	¡Hable usted más despacio por favor!
Ich verstehe nicht	No entiendo
Ich möchte …	Quisiera …
Wo gibt es …?	¿Dónde hay?
Das gefällt mir (nicht)	(no) me gusta eso
Wie viel kostet das?	¿Cuánto cuesta esto?
Zu teuer!	¡Demasiado caro, -a!
Zu billig!	¡Demasiado barato, -a!
Wann öffnet/ schließt?	¿Cuando abre/ cierra?
geöffnet/ geschlossen	abierto/ cerrado
Können Sie mir helfen?	¿Puede usted ayudarme?
Wo geht es nach …?	¿Cómo se va a …?
Straße/ Gebäude	calle/ edificio
nach links	a la izquierda
nach rechts	a la derecha
geradeaus	derecho
und/oder	y/o

mit/ohne	con/sin
heiß/kalt	caliente/frio
Meter/ Kilometer	metros/ kilómetros
Gramm/ Pfund	gramos/ medio kilo

Ich möchte ein Auto mieten	Me gustaria alquilar un carro
Autopapiere	papeles de carro
Führerschein	licencia de conducir
Flughafen	aeroporto
Flugzeug	avión
(Hand-) Gepäck	equipaje (de mano)
Wann fliegt die Maschine nach …?	¿Cuándo sale el avión para …?

Zimmer	habitación
… mit zwei Betten	… de dos camas
… Doppelbett	… de cama matrimonial
Einzelzimmer	habitación individual
Dusche/Bad/ Toilette	baño
Frühstück	desayuno
Halb-/ Vollpension	media pensión/ pensión completa
Können Sie mir ein gutes und preis- wertes Hotel empfehlen?	¿Me puede recommendar un hotel bueno y barato?

Essen	comida
Getränke	bebidas
Speisekarte	carta
Rechnung	cuenta
Teller/Glas/ Tasse	plato/vaso/tasa
Messer/Gabel/ Löffel	cuchillo/ tenedor/ cuchara
Kaffee/Tee	café/té
Milch	leche
Bier/Rum	cerveza/ron
Salat/Gemüse	ensalada/ verduras
Fleisch/ Geflügel/Fisch	carne/ave/ pescado
gekocht/ gebacken/ gegrillt	cocido/ frito/a la parilla

Geld	dinero
Wechselstube	casa de cambio
Ich möchte … in … wechseln	quiero cambiar …

Arzt/Zahnarzt	médico/dentista
Krankenhaus	hospital/clinica
Apotheke	farmacia
Medikamente	remedios
Ich habe … -schmerzen	Tengo dolores de …
Fieber	fiebre
Übelkeit/ Durchfall	nauseas/ diarrea
Schlangenbiss	mordedura de serpiente
Mir ist schlecht	Me siento mal

Zahlen	números
0	cero
1	uno
2	dos
3	tres
4	cuatro
5	cinco
6	seis
7	siete
8	ocho
9	nueve
10	diez
11	once
12	doce
13	trece
14	catorce
15	quince
16	dieciséis
17	diecisiete
18	dieciocho
19	diecinueve
20	veinte
21	veintiuno
22	veintidos
23	treinta
40	cuarenta
50	cincuenta
60	sesenta
70	setenta
80	ochenta

90	noventa
100	cien
110	ciento diez
200	doscientos/-as
1000	mil
2000	dos mil
100 000	cien mil
1 000 000	un millón

erste (r/s)	primero/a
zweite (r/s)	segundo/a
dritte (r/s)	tercero/a

Sekunden	segundos
Minuten	minutos
Stunden	horas
Tage	dias
Wochen	semanas
Monate	meses
Jahre	años
Wie spät ist es?	¿Que hora es?
Es ist ein Uhr/ zwei Uhr	Es la una/Son las dos
Montag	Lunes
Dienstag	Martes
Mittwoch	Miércoles
Donnerstag	Jueves
Freitag	Viernes
Samstag	Sábado
Sonntag	Domingo